KB232692

기적을 만드는 사람들

기적을 만드는 사람들

지 은 이 워렌 위어스비
옮 긴 이 구교환
발 행 인 홍성철
초판 1쇄 2001년 7월 31일
발 행 처 **도서출판 세 복**
주   소 서울특별시 중랑구 면목5동 149-6 한밀빌딩 301호
         Tel./Fax. (02) 448-5562
         홈페이지: http://www.dongkwang.net/saebok
         E-Mail: johnh@unitel.co.kr
등록번호 제1-1800호 (1994년 10월 29일)
총 판 처 예영커뮤니케이션
         Tel. (02) 830-8566, Fax. (02) 830-8567
I S B N   89-86424-51-7   03230

값 6,000원

ⓒ **도서출판 세 복**

■ 잘못 만들어진 책은 언제든지 교환해 드립니다.

기적을
만드는 사람들

워렌 위어스비 지음 · 구교환 옮김

도서출판 세 복

Your Next Miracle

*Experiencing the power of Christ
in Everyday Life*

by

Warren W. Wiersbe

목 차

서 론

하나님의 두 번째 위대한 기적

하나님이 행하시는 가장 위대한 기적은 잃어버린 자들을 구원하시는 역사이다.

그 이유는 무엇인가? 우선 인류를 구원하시는 기적은 없어서는 안 되는 중요한 것이다. 왜냐하면 그 기적이 없었다면 죄인들은 영원한 형벌에 빠질 것이기 때문이다. 그리고 구속의 기적을 이루기 위해서는 가장 커다란 희생, 즉 하나님의 아들 예수 그리스도께서 십자가에서 죽으시는 희생이 있어야만 했다. 다른 기적들은 하나님이 자신의 뜻에 따라 행하심으로 간단하게 보여 주셨다. 다시 말해서, 하나님이 말씀만 하시면 기적이 일어났다. 그러나 인류를 구원하시는 기적을 이루기 위해서 하나님은 아주 값비싼 희생을 치루셔야 했다. 하나님은 인류의 죄를 구속하시기 위해 사랑하는 아들 독생자를 내어 주셨다.

인류를 구원하는 기적은 엄청난 결과들을 가져다 준다. 예수님은 병든 자들을 치료하셨고 죽은 자들을 살리기도 하셨다. 그러나 그들은 다시 병들었고 결국에는 다시 죽었다. 예수님은 굶주린 자들에게 먹을 것을 주셨지만 그들은 다시 배고픔에 시달릴 수밖에 없었다. 그러나 예수님이 회개하는 죄인들을 용서하실 때, 그것은 영원까지 지속되는 구속의 사건임을 의미한다. 죄인들이 믿음에 의지하여 그리스도에게 돌아올 때 그들은 영원히 하나님의 자녀가 되는 기적을 경험하게 된다.

그러나 하나님의 위대한 기적은 두 번째 위대한 기적을 만들어 내는

데, 그것은 *하나님이 당신의 자녀들을 하나님이 원하시는 사람들로 변화시켜 주신다*는 것이다. 거듭남은 끝이 아니라 시작이다. 거듭남에 있어서 중요한 것은 믿는 자들이 더욱 더 "그 아들의 형상을 본받게 하기 위하여"(롬 8:29) 나아가는 과정이다. 우리는 주님이 우리에게 허락하신 은사와 능력과 그 권세를 사용하는 법을 이미 알고 있다. 그리고 우리는 하나님이 주신 은사들을 하나님의 영광과 다른 사람들의 유익을 위해 어떻게 사용해야 하는 지도 알고 있다. 전에는 꿈도 꾸지 못했던 일들을 지금은 잘 해내고 있다. 그래서 우리는 주님께 더 가까이 나아가 하나님의 사랑과 용서하심, 그리고 하나님이 주시는 기쁨을 경험하게 된다.

이와 같은 일들이 사도 베드로에게 일어났다. 베드로에 대해서 부정적인 말을 많이 하는데, 그것은 바람직하지 않다고 생각한다. 베드로에게 결점이 없었다는 말이 아니다. 우리에게도 결점이 있다. 그러나 베드로는 훌륭한 사람이었고 그의 인생은 예수 그리스도로 말미암아 기적적으로 변화되었다. 우리들도 그렇듯이, 베드로 역시 남의 말에 귀를 기울여야 할 때 말을 했고, 기다려야 할 때 섣불리 행동했던 사람이다. 그러나 예수님은 베드로를 사랑하셨고 그를 변화시켜 평범하기 그지없는 어부의 모습에서 주님의 특별한 종으로 바꾸어 놓으셨다. 우리 주님이 처음 행하신 기적은 물을 변화시켜 포도주를 만드신 것이었지만, 그것은 "듣는 자" 시몬을 변화시켜 "반석"인 베드로로 만드신 사건과 비교하면 아무것도 아니었다.

베드로를 처음 만나신 자리에서 예수님은 "네가 요한의 아들 시몬이니 장차 게바라 하리라"(요 1:42)고 말씀하셨다. 게바는 반석이란 뜻을 가진 말로 베드로의 이름이 되었다. 평범한 진흙 덩어리를 단단한 바위로 만드는 것, 바로 이것이 하나님이 베푸시는 위대한 기적이다. 하나님은 이처럼 베드로의 인생을 바꾸시는 기적을 보여 주셨다. 그리고 하나님은 이제 우리에게도 똑같은 기적을 베풀어 주실 것이다.

예수 그리스도를 믿는다는 것은 거듭남이라고 하는 하나님의 위대한 기적을 경험하기 시작했다는 말이다. 그것은 우리의 삶을 하나님의 손에 의탁함으로 하나님이 베푸시는 두 번째 기적을 경험하는 것이다. 여기서 두 번째 기적이란 하나님이 택하신 백성들을 하나님이 원하시는 모습으로 바꾸어 주시는 사건을 의미한다. 예수님은 말씀 한 마디로 모든 육체를 치료하시고 폭풍을 잔잔케 하시는 분이시다. 왜냐하면 세상 모든 만물이 예수님의 말씀에 복종하기 때문이다. 그러나 우리의 인생이 변화되는 기적을 경험하기 위해서 우리는 가만히 있어서는 안 된다. 무엇인가 해야 할 일이 있다는 말이다.

평범한 그리스도인으로 안주하고자 하는 것은 잘못이다. 예수님으로 말미암아 우리의 인생이 바뀌는 기적을 체험할 수 있어야 한다.

> 예수님이 아니었다면, 베드로는 그저 좋은 어부로 일생을 마쳤을 것이다. 어쩌면 아주 훌륭한 어부가 되었을지도 모른다. 그러나 아무 것도 얻지 못하고 참으로 겁이 많은 자이었지만, 베드로는 주님을 고백한 이후에 용기 있는 사람으로 변화되었다. 동시에 베드로는 원하던 대로 훌륭한 설교자가 되었다(행 2). 베드로는 참된 자아의 소유자가 되었고 나아가 진실된 인격을 겸비한 사람으로 당당하게 서게 되었다. 그러나 그것은 그에게 "자유함"이 있었거나 혹은 "스스로 소유하고 있었던 성격"으로 말미암은 것이 아니었다. 그것은 그가 메시야를 만났고 동시에 그리스도 공동체의 일원이 되었기 때문이다. 바로 이 공동체에서 베드로는 자신의 인생을 단단히 붙잡을 수 있었고, 그 결과 자기 뜻대로 살 때보다 더 많은 것을 이루어낼 수 있었던 것이다.

스탠리 호이워스(Stanley Hauerwas)
윌리엄 윌리몬(William H. Willimon)[1]

시몬 베드로가 처음 소개되었을 때, 그는 거칠고 충동적이고 성급한 사람이었다. 그의 위대함이 잠을 자고 있었다고도 볼 수 있겠지만, 사실 그는 한도 끝도 없이 악을 향해 치닫는 사람이었다. 그러나 예수님은 그를 만지기 시작하셨다. 그리고 마치 음악가가 자신이 사랑하는 악기를 가지고 수 세기에 걸쳐 전해질 만큼 찬란한 음악을 연주하는 것처럼, 주님은 베드로를 통해 그의 인생을 연주하셨다.

조지 모리슨(George H. Morrison)[2]

내가 두려워하는 것은 많은 사람들이 하나님이 역사하시는 것을 보지 못한다는 것이다. 사람들은 나름대로 해결책을 갖고 있기 때문에 하나님보다는 오히려 도움이 될 만한 친구들을 찾아나서는 경우가 많다. 최악의 위기 상황에서도 여전히 빠져 나갈 구멍을 찾는 자들은 불쌍한 자들이다. 기적을 만들어 내는 근본은 우리의 갈급함이다. 하나의 관문을 빠져 나가면 우리는 또 다른 것을 잃어버리고 만다. 따라서 우리에게 가장 중요한 문제는 주님께 의지하도록 우리 자신을 다스려 나가는 것이다.

워치만 니(Watchman Nee)[3]

1
기적의 시작

요한복음 1:40-42

요한의 말을 듣고 예수를 좇는 두 사람 중에 하나는 시몬 베드로의 형제인 안드레라. 그가 먼저 자기의 형제 시몬을 찾아 말하되 우리가 메시야를 만났다 하고 (메시야는 번역하면 그리스도라) 데리고 예수께로 오니, 예수께서 보시고 가라사대 네가 요한의 아들 시몬이니 장차 게바라 하리라 하시니라 (게바는 번역하면 베드로라).

예수님이 시몬 베드로에게 행하신 일을 정확히 이해하기 위해서, 그리고 주님이 우리들을 위해 어떤 일을 하시는지 이해하기 위해서, 우리는 먼저 예수님을 만나기 전의 시몬은 어떤 사람이었는지 살펴볼 필요가 있다. 그에 대한 설명은 간단하다.

- 그는 갈릴리의 벳새다(낚시의 집)에서 태어났다(요 1:44).
- 그의 이름은 야곱과 레아의 둘째 아들 시므온에서 유래된 것이다(시므온은 헬라어로 시몬이다).
- 그는 결혼해서 가버나움에서 살았고, 이 곳에서 형제 안드레 그리고 동업자 야고보와 요한과 더불어 고기 잡는 일을 했다(눅 5:9-10).
- 그는 아내와 함께 장모를 모시고 살았다. 그리고 형제 안드레도 함께 살고 있었다(막 1:29-31).
- 베드로는 아내와 함께 정결한 삶을 살았다(행 10:14). 그러나 훗날 유대의 율법을 지킨다는 것은 멍에를 메는 것과 같다고 고백했다(행

15:10).

시몬이 유대인이었다는 사실은 그가 참되시고 살아 계신 하나님을 믿으며 성경 말씀을 하나님의 권위 있는 말씀으로 받아들였다는 것을 의미한다. 그는 약속의 아들이었으며 또한 메시야의 약속을 믿고 있던 사람이었다. 그가 힘든 일에 대해서 두려워하지 않았으며 어떠한 역경이 와도 그의 사역을 결코 중단하지 않을 수 있었던 것은 그가 어부 출신이었기 때문이다. 예수님의 제자들 가운데 적어도 일곱 명은 어부 출신(요 21:1-3 참고)이었는데, 이와 같은 사실은 예수님이 제자들을 선택하실 때 일할 줄 아는 사람, 나아가 여러 사람이 함께 힘을 합해 일을 마무리 지을 줄 아는 사람들을 선택하셨다는 것을 의미한다. 고기 잡는 것이 그들에게 있어서 과거의 경험이 아니라 현재의 직업이었다는 것을 잊어서는 안 된다. 만약 그들이 고기를 잡지 않았다면 그들은 먹고 살 길이 없었을 것이다.

시몬 베드로에 대해 오늘날 어떻게 설명하고 있는가? 세계백과사전도 그에 대하여 지면을 할애하고 있고, 수많은 학자들이 그의 인생과 그가 기록한 편지들을 연구하고 있으며, 꽤 많은 서적들이 출판되고 있다. 그리스도인들은 매일 신약성경에서 베드로에 대한 이야기를 읽으며 그의 삶과 사역을 통해 용기를 얻고 있다. 요한이 사랑의 사도였고, 바울이 믿음의 사도였다면, 베드로는 소망의 사도였다. 사실 시몬 베드로는 소망으로 충만했던 사람이었다. 예수님을 만나기 전의 베드로는 고기를 잡던 평범한 유대인에 불과했다. 그러나 그는 예수님을 만났다. 그 결과 인생의 모든 것이 변화되었고 장래 일에 소망을 둔 새로운 삶을 살기 시작했다. 한 마디로 예수님이 그의 인생을 기적으로 변화시켜 주신 것이다.

새로운 출발

세례 요한이 요단강에 갑자기 나타나 천국이 가까이 왔음을 선포하기 시작했을 때, 수많은 사람들이 그의 말을 듣기 위해 몰려들었다. 권좌에 앉은 왕으로부터 시작하여 가장 천한 노예들까지 나라 전체가 요한과 그가 전하는 말씀에 술렁거렸다. 지난 400년 동안 침묵하고 계셨던 하나님이 다시 그의 백성들에게 말씀하시다니, 어떻게 된 일이란 말인가? 그동안 회당에 모여 말라기 선지자가 전한 말씀들을 읽어 왔던 유대인들은 드디어 그 말씀이 성취되고 있다는 소망을 갖기 시작했다. "보라, 여호와의 크고 두려운 날이 이르기 전에 내가 선지 엘리야를 너희에게 보내리니, 그가 아비의 마음을 자녀에게로 돌이키게 하고, 자녀들의 마음을 그들의 아비에게로 돌이키게 하리라"(말 4:5-6). 사람들마다 로마의 압제로 인해 소망도 없이 살던 자신의 처지를 떨쳐 버리고 나라의 장래에 대해 흥분하기 시작했다. 요한이 정말로 하나님이 보내시기로 약속하셨던 바로 그 사람이었는가? 그렇다면 그가 바로 메시야란 말인가? 이스라엘은 드디어 약속된 나라를 기업으로 받을 수 있을 것인가?

세례 요한에 대한 이야기가 온 땅에 빠른 속도로 전파되었고 드디어 가버나움에도 알려졌다. 시몬 베드로와 그의 동업자들은 유대로 가서, 바리새인들과 사두개인들을 향해 "독사의 자식"(마 3:7)이라고 부르며, 회개하고 세례받을 것을 전파하는 이 특별한 설교자를 만나보기로 결심했다.

이방인들이 개종하여 유대 신앙을 받아들일 때 세례를 받는 것은 흔히 있는 일이었다. 그런데 하나님의 선택된 백성들, 다시 말해서 약속의 백성들도 세례를 받아야 하는가? 제 삼자를 통해 소식을 전해 듣는 것으로 만족하지 못한 이들 네 명의 친구들은 배와 그물 그리고 함께 일하던 사람들을 버려 두고 요단강을 따라 군중들이 모여 있는 곳을 찾아나섰다.

그들은 말씀을 듣자마자 하나님이 보낸 선지자 가운데 가장 위대한 분이라는 사실을 금방 깨달을 수 있었다. 예수님은 "선지자를 보려더냐? 옳다. 내가 너희에게 이르노니 선지자보다도 나은 자니라....내가 진실로 너희에게 말하노니 여자가 낳은 자 중에 세례 요한보다 큰 이가 일어남이 없도다"(마 11:9, 11)라고 말씀하셨다.

베드로, 안드레 그리고 야고보와 요한은 세례 요한에게서 세례를 받고(행 1:21-22) 그의 제자가 된 것으로 보인다. 그러나 세례 요한이 가지고 있던 목적은 자신의 주변에 제자들을 모으는 것이 아니었다. 사람들에게 예수 그리스도를 알리는 것이 그에게 주어진 사명이었다—"보라, 세상 죄를 지고 가는 하나님의 어린양이로다"(요 1:29).

베드로와 그의 친구들은 유대교에 헌신하고 있던 사람들이었기에, 유월절 어린양과 매일 드리는 희생 제사에 대해서 잘 알고 있었다. 그런데 요한이 선포하는 내용들은 전혀 새로운 것이었다. 요한은 제사장에 의해 선택된 어린양이 아니라 하나님에 의해 보냄 받은 "어린양"을 강조하고 있었다. 그 어린양은 단순히 죄를 덮어 주는 것이 아니라 씻어 없애는 하나님의 어린양이었다. 그리고 그것은 유대 민족 가운데 제한된 몇몇 사람들만이 아니라 온 세상을 위해 내어 주는 어린양이었다.

다음 날, 안드레는 요한과 함께 세례 요한 옆에 서 있었다. 그런데 그때 예수님이 지나가셨다. 세례 요한은 "보라, 하나님의 어린양이로다"라고 외쳤고 안드레와 요한은 예수님을 따라갔다. 그리고 그 날 그들은 예수님과 종일토록 같이 있었다. 그 한 번의 만남으로 그들은 나사렛 예수가 진실로 메시야라는 사실을 확신할 수 있었고 예수님을 영접한 후 새로운 삶을 시작하게 된 것이다.

새로운 이름

안드레와 요한이 예수님을 만나고 있을 때 시몬 베드로는 어디에 있었는가? 이 문제에 대해서는 아는 바가 없다. 또 굳이 알아 내려고 할 필요도 없다. 그러나 그의 형제 안드레는 베드로가 어디에 있었는지, 또 베드로를 찾아서 무슨 일을 해야 할지에 대해서 알고 있었다. 바로 이것이 예수님과 헤어진 후 안드레가 처음으로 행한 일이었다. "그가 먼저 자기의 형제 시몬을 찾아 말하되 우리가 메시야를 만났다 하고…〔안드레가 베드로를〕 데리고 예수께로 오니"(요 1:41-42).

예수님께 나오는 방법은 사람들마다 각각 다르다. 중요한 것은 사람들이 예수님께로 나온다는 사실이다. 안드레와 요한은 세례 요한의 말을 듣고 예수님을 따르게 되었다. 이에 반해 시몬 베드로는 그의 형제가 전해 주는 증언을 직접 듣고 예수님을 찾아왔다. 요한복음에 나타난 안드레를 보면 그는 언제나 사람들을 예수님께로 데려오는 역할을 하고 있다. 처음에 안드레는 형제 시몬을 데려왔고(요 1:41-42), 또 먹을 것을 가지고 있던 어린 아이 하나를 데리고 왔으며(6:8-9), 마지막에는 예수님을 만나고 싶어하던 이방인들을 예수님께 안내했다(12:20-22). 성경은 안드레가 했던 설교를 기록하고 있지 않다. 그러나 그가 보여준 직접적인 증언은 수세기에 걸쳐 많은 그리스도인들에게 감동과 자극을 주고 있다.

시몬을 예수님께로 데려오는 일이 쉬운 일이었을까? 우리로서는 알길이 없다. 다만 시몬은 이제 막 세례 요한의 제자가 된 사람이었고, 아마도 자신의 소속을 바꾸고 싶지 않았을 것이다. 사람들로 하여금 예수님을 따르도록 하는 것이 세례 요한의 사역의 목적이었다는 점을 안드레는 베드로에게 분명히 설명했을 것이다.

세례 요한은 단순히 소리였고(요 1:23), 예수님은 말씀이셨다(요 1:1, 14). 세례 요한은 등불에 불과했지만(요 5:33-35), 예수님은 세상을 비추는 빛이셨다(요 1:4-9; 8:12). 세례 요한의 신학은 "보라, 하나님의 어린양이로다"(1:36)라는 말씀과 "그는 흥하여야 하겠고, 나는 쇠하여야 하리라"(3:30)는 말씀으로 요약될 수 있다.

안드레가 시몬을 예수님께 소개하자 "예수께서 시몬을 보셨다"(요 1:42). 이 표현은 예수님이 시몬에게 눈길을 고정하시고 뚫어지게 바라보셨다는 말이다. 그것은 단지 한 어부의 얼굴을 보신 것이 아니라 그의 마음과 장래를 꿰뚫어보셨다는 것을 의미한다. (똑같은 단어가 시몬이 예수님을 모른다고 부인했을 때 그를 바라보셨던 장면에서 사용되고 있다. 눅 22:61 참조)

예수님은 시몬이 과연 자신의 제자가 되기에 합당한 자인가를 알아내려 하신 것이 아니었다. 왜냐하면 그 누구도 예수님의 제자가 되기에는 부족하기 때문이다. 우리가 예수 그리스도와 관계를 맺을 수 있는 것은 전적으로 하나님의 은혜이다. 우리는 우리 스스로 구원을 이룰 수 없고 또한 구원받을 가치조차 없는 존재들이다.

예수님은 베드로를 보시면서 베드로가 지니고 있던 잠재적인 지도력과 능력을 발견하셨다. 뿐만 아니라 그가 가지고 있던 장점과 단점을 쉽게 알아차리셨다. 사실 이런 장점이나 단점은 우리들도 예외 없이 지니고 있는 것들이다. 예수님은 시몬이 장차 할 수 있는 일들이 무엇이며 동시에 그를 위해 무슨 일을 해야 할지 알고 계셨다.

"네가 요한의 아들 시몬이니 장차 게바라 하리라"(요 1:42)고 예수님은 말씀하셨다. 게바는 아람어로 "바위"라는 뜻으로 헬라어로는 베드로가 된다. 이제 이 어부는 시므온, 시몬, 게바, 베드로라는 네 개의 이름을 갖게 되었다. 여기서 새로운 이름은 그의 인생이 새롭게 출발하는 신호

탄이 되었다. 마치 아브람에서 아브라함으로, 사래에서 사라로, 야곱이 이스라엘로 바뀐 것과 같은 이치이다(창 17:5, 15; 32:27-28). 그러나 베드로라는 이름은 단순히 별명이 아니라 "너는 누구이고...어떤 자가 될 것이다"라는 하나의 예언이었다. 그것은 "너는 비록 이 땅의 티끌로 만들어졌지만 때가 되면 바위가 될 것이다"라고 하시는 예수님의 말씀과 동일한 것이었다. 단단한 바위를 만들어 내기 위해서는 꽤 오랜 시간과 상당량의 열과 압력이 있어야만 한다. 베드로를 보석으로 장식된 기둥 혹은 머릿돌로 빚어내기까지 예수님은 거의 삼 년 가까운 세월 동안 애정과 기도 그리고 직접적인 사역을 그에게 쏟아 부으셔야 했다(갈 2:9; 계 21:14, 19).

우리는 베드로의 결점을 찾아내는 데 너무 익숙해져 있다. 그래서 우리는 사람들이 누구나 성장하는 과정에 있다고 하는 점에 대해서는 주의하지 않는다. 몇 년 전, 십대 기독 청소년들 사이에는 "PBP-GITWMY"라는 글귀가 새겨진 단추가 달린 옷을 입는 것이 유행했었다. 그것은 "제발, 참아 주세요!--하나님은 아직 내 안에 계시지 않아요"(Please be patient!--God isn't through with me yet.)라는 뜻이다. 오늘날 우리는 그런 단추가 달린 옷을 입지 않는다. 그러나 우리는 그 누구도 완벽의 경지에 도달한 사람은 없으며, 다만 완벽의 경지를 향해 나아가는 한 과정에 있음을 잊어서는 안 된다. 베드로는 종종 충동적이었고(요 18:10-11), 모순되는 점이 많은 사람이었다(마 16:13-23). 그러나 예수님은 베드로가 자신의 약점을 극복할 수 있도록 도와 주셨고, 그 결과 베드로는 교회의 유능한 전도자로 또한 활력 있는 지도자로 성장할 수 있었다.

성경에는 오직 주님만을 의뢰하고 주님이 인도하시는 대로 나아갔기에 불가능한 일들을 성취한 여러 사람들의 이야기들이 기록되어 있다.

모세는 살인자로 수배를 당하는 처지였지만 하나님은 그를 변화시켜 역사상 가장 위대한 지도자와 법률 제정자로 만들어 놓으셨다. 기드온은 은둔 생활을 하고 있었지만 여호와의 사자로부터 "큰 용사여, 여호와께서 너와 함께 계시도다"(삿 6:12)라는 말씀을 듣고 큰 용사가 되었다. 바사 왕의 술 맡은 관원이었던 느헤미야는 담대한 지도자가 되어 예루살렘 성벽을 건축했다. 또한 요한 마가는 한때 도망을 친 적이 있었지만, 훗날 바울의 협력자가 되었고, 네 권의 복음서 가운데 하나를 기록했다. 히브리서 11장은 평범하지만 여호와를 의뢰하고 그의 가르침에 순종하는 사람들을 통해 하나님이 어떻게 역사하시는지에 대해서 기록하고 있다.

이러한 견해는 심리학에서 말하는 생각하는 대로 이루어진다고 하는 속임수도 아니고, 또한 무조건 믿기만 하면 된다는 식의 맹목적인 믿음도 아니다. 예수님은 하나님의 자녀들에게 "네 믿음대로 될지어다"라고 말씀하신다. 그러나 이러한 약속이 성취되기 위해서 우리는 충직한 제자가 되어야 하며 하나님이 원하시는 대로 우리를 들어 쓰실 수 있도록 우리 자신을 내어드려야만 한다.

새로운 삶

베드로가 경험했던 첫 번째 기적은 그가 예수 그리스도를 영접하고 영생의 선물을 받아들이면서 즉각적으로 변화된 것이었다. 베드로는 그 때의 경험을 설명하기를, "찬송하리로다. 우리 주 예수 그리스도의 아버지 하나님이 그 많으신 긍휼대로 예수 그리스도의 죽은 자 가운데서 부활하심으로 말미암아 우리를 거듭나게 하사 산 소망이 있게 하시며"(벧전 1:3)라고 했다. 우리의 인생은 태어나면서 시작되고 하나님과 함께 하는 인생은 거듭남을 통하여 시작된다. 우리는 살아 있는 말씀을 통해 살아 계신 그리스도와 살아 있는 관계를 맺을 수 있다: "너희가 거듭난 것이 썩어질 씨로 된 것이 아니요 썩지 아니할 씨로 된 것이니 하나님의 살아 있고 항상 있는 말씀으로 되었느니라"(벧전 1:23). 베드로는 예수님을 "산 돌"(벧전 2:4)로 믿었고 "산 소망"을 주시는 새로운 탄생을 경험하게 되었다.

그러나 우리는 소극적으로 말할 때가 많다. "그 사람은 베드로가 아닙니까? 그는 특별한 사람이었습니다. 반석과 같은 사람이었습니다"라고 말이다.

베드로가 스스로 자기는 특별한 사람이며 그리스도를 영접한 그 누구보다도 우월하다고 생각했던 증거는 전혀 없다. 그는 모든 성도들을 향하여 "너희도 산 돌 같이 신령한 집으로 세워지고, 예수 그리스도로 말미암아 하나님이 기쁘게 받으실 신령한 제사를 드릴 거룩한 제사장이 될지니라"(벧전 2:5)고 했다. 우리의 이름은 "반석"이라는 뜻이 아니다. 그러나 우리 역시 하나님의 성전에 있는 산 돌이다. 이렇게 예수 그리스도를 신뢰하고 하나님께 헌신한다면 우리 모두 산 돌이 되는 것이다.

이제 하나님이 평범한 진흙 덩어리를 택하셔서 어떻게 반석으로 만드셨는지 살펴보기로 하자. 예수님은 베드로가 일하던 곳, 즉 갈릴리 호수를 방문하셨고, 거기서 모든 것을 변화시키는 기적을 보여 주셨다.

2
정말로 특별한 하루

누가복음 5:1-11

무리가 옹위하여 하나님의 말씀을 들을쌔, 예수는 게네사렛 호숫가에 서서 호숫가에 두 배가 있는 것을 보시니, 어부들은 배에서 나와서 그물을 씻는지라. 예수께서 한 배에 오르시니 그 배는 시몬의 배라. 육지에서 조금 띄기를 청하시고 앉으사 배에서 무리를 가르치시더니, 말씀을 마치시고 시몬에게 이르시되, 깊은 데로 가서 그물을 내려 고기를 잡으라. 시몬이 대답하여 가로되 선생이여, 우리들이 밤이 맞도록 수고를 하였으되 얻은 것이 없지마는, 말씀에 의지하여 내가 그물을 내리리이다 하고, 그리한즉 고기를 에운 것이 심히 많아 그물이 찢어지는지라. 이에 다른 배에 있는 동무를 손짓하여 와서 도와달라 하니, 저희가 와서 두 배에 채우매 잠기게 되었더라. 시몬 베드로가 이를 보고 예수의 무릎 아래 엎드려 가로되 주여, 나를 떠나소서. 나는 죄인이로소이다 하니, 이는 자기와 및 함께 있는 모든 사람이 고기 잡힌 것을 인하여 놀라고, 세베대의 아들로서 시몬의 동업자인 야고보와 요한도 놀랐음이라. 예수께서 시몬에게 일러 가라사대 무서워 말라. 이제 후로는 네가 사람을 취하리라 하시니, 저희가 배들을 육지에 대고 모든 것을 버려 두고 예수를 좇으니라.

내 책상 위에는 오래 전 신문에서 오려 낸 작고 낡은 종이 한 장이 있다. 거기에는 "모든 순간을 귀중하게 여기라. 왜냐하면 언제 누가 나타나서 당신의 측량을 보다 더 크게 여길지 모르기 때문이다"라는 말이 적혀 있다. 그 말을 한 사람이 누구인지 모르지만 나는 이것을 가슴 깊이 간직하고 있다.

역사는 이 말이 사실이라는 것을 보여 준다. 모세가 양무리를 치고 있을 무렵, 하나님은 이스라엘 백성을 애굽의 속박으로부터 구속해내기로 계획하고 계셨다. 하나님이 사자와 곰을 보내서 다윗의 양떼에게 위협을 가하신 것은 이미 다윗으로 하여금 거인을 죽이고 왕국을 통치하도록 작정하셨기 때문이다. 갑자기 찾아온 낯선 사람과 그의 양떼에게 마실 물을 제공한 리브가는 세상에서 가장 부유한 사람들 가운데 하나였던 이삭의 아내로 이미 예비되어 있었다.

한 젊은 설교자가 어느 주일학교 예배에서 설교하고 있었다. 여행 중에 그 예배에 참석했던 어떤 사람이 설교에 감명을 받고 런던에 있는 자기 친구에게 그 설교자의 이름을 알려 주었다. 이것이 바로 찰스 스펄전(Charles Spurgeon)이 런던 소재 뉴 파크 스트리트 교회(New Park Street Chapel)의 목사가 되는 계기가 된 것이다.

베드로는 이제 세상이 얼마나 달라질 수 있는가를 체험하는 순간을 맞이하고 있었다. 예수님이 갈릴리 호수에 있던 자기의 배에 오르실 때만 해도 베드로는 자신에게 새로운 순간이 다가오고 있음을 깨닫지 못하고 있었다. 그러나 당신과 내가 잘 알려진 이 이야기를 읽고 있을 때 *우리도 똑같이 측량되고 있다는 것이다.*

누가의 말씀을 묵상하면서 우리는 적어도 네 가지 질문에 답을 할 수 있어야 한다. 그리고 우리가 내리는 답들은 예수님을 따라가기 위해 우리가 어떻게 해야 할지 가르쳐 주리라 믿는다.

질문 1: 실패하거나 실망했을 때 어떻게 대처해야 하는가?

베드로와 그의 동업자들은 예수님을 모시고 갈릴리와 사마리아를 여행했고 오순절에는 예루살렘을 방문했다. 그러나 예수님과의 관계는 여전히 크게 달라진 것이 없었다. 그들은 예수님이 누구신지 그리고 무엇을 할 수 있는 분이신지에 대해서 배우는 중이었으나 예수님의 말씀을 따라 어떻게 살아가야 하는지에 대해서는 여전히 갈피를 못 잡고 있었다. 우리들은 제자들이 종종 자신들의 집으로 돌아가 본래의 일을 하다가 때가 되면 다시 예수님께로 돌아왔을 것이라고 생각한다. 그러나 예수님은 제자들이 모든 것을 버리고 예수님을 따를 준비가 되었음을 이미 알고 계셨다. 바로 헌신을 결단하는 순간이 되었던 것이다.

예수님이 몇 번이나 네 사람의 어부들을 "사람 낚는 어부"로 부르셨는지에 관해 신약성경 학자들과 복음서의 통일성을 연구하는 사람들은 서로 다른 견해를 가지고 있다. 어떤 이들은 마태복음 4장 18절부터 22절, 마가복음 1장 16절부터 20절, 그리고 누가복음 5장 1절부터 11절의 말씀을 동일한 사건의 기록으로 인정한다. 반면에 누가복음의 기록은 다른 사건, 즉 사실 그대로 두 번째 부르심이라고 생각하는 사람들도 있다. 그러나 예수님이 고향 나사렛에서 배척을 당하신 후에 베드로, 안드레, 야고보, 요한의 고향인 가버나움으로 사역의 중심지를 옮겼다고 하는 사실(눅 4:16-31)에 대해서는 모두들 견해를 같이 하고 있다. 드디어 네 명의 어부들이 모든 것을 버려 두고 예수님을 좇아갈 때가 다가오고 있었다는 말이다.

네 사람은 밤을 새워가며 그물을 던졌지만 아무 것도 잡지 못했다. 그래서 다음 기회를 생각하며 그물을 수선하고 있었다. 나는 어부도 아니고 밤에 일하는 사람도 아니다. 고기를 잡기 위해 밤을 꼬박 새웠는데 아무 것도 잡지 못했을 때, 나라면 아예 그물을 팔아 버리지 그물을 다시 씻지는 않을 것이다. 그러나 진짜 어부들은 결코 포기하지 않는다. 바로 이 점이 예수님이 제자들을 선택하실 때 적어도 일곱 사람을 어부들 가운데서 선택하신 이유였다. 베드로와 그의 동업자들은 이미 실패의 밤이 가져다 주는 쓰라린 순간들을 경험한 사람들이었다. 그들은 쉽게 포기하지 않고 다시 시작할 줄 아는 사람들이었다. 그들은 배에서 그물을 씻고 손질을 하고 있었다. 만약 그물을 씻어 놓지 않는다면 조그만 수초들과 잡동사니들 때문에 그물은 썩어버릴 것이다. 또 그물을 손질하지 않으면 그물에 난 구멍은 점점 커질 것이다. 밤이 맞도록 최선을 다한 어부들을 아무 것도 잡지 못했다는 이유로 책망하는 것은 옳지 않다. 그러나 자기들의 장비를 제대로 챙기지 않는다면 비난을 면치 못할 것이다.

성경을 세밀하게 읽지 않더라도 하나님의 백성들이 실패를 경험한 이야기들을 발견할 수 있다. 때때로 그런 결과가 그들의 실수 때문인 경우도 있고 다른 사람들의 잘못으로 인해 나타나는 경우도 있다. 그러나 베드로와 그의 동업자들이 실패할 수밖에 없었던 것은 하나님이 세워 놓으신 계획의 일부분이었기 때문이다. 예수님은 고기들을 그물 안으로 모으실 수 있었다. 마찬가지로 주님은 물고기들을 그물 밖으로 몰아낼 수도 있는 분이시다. 그 날 밤, 베드로가 많은 고기들을 잡았었더라면 그는 고기를 잡기 위해 계속해서 분주하게 움직였을 것이다. 그러나 낙심할 수밖에 없었던 것이 오히려 다른 차원의 성공을 향해 길을 여는 계기가 되었다. 그는 바다의 고기들은 통제할 수 없었지만 신앙과 결단을 위하여 자기의 마음은 통제할 수 있었다. 그리고 베드로는 성공의 순간이 눈앞에 다가오고 있다는 것을 깨닫게 되었다.

하나님은 실패했던 순간을 하나님의 영광을 위해 성공적인 순간으로 바꾸어 놓으심으로 세상을 당혹하게 만드시기도 하고, 마귀를 혼란스럽게 만드시기도 한다. 시기심 많은 요셉의 형들은 그를 노예로 팔아 버렸지만, 하나님은 그를 애굽에서 둘째 가는 사람으로 만드셨고 그를 통해 유대 백성들을 구원하셨다. 엘리멜렉과 그의 가족들은 하나님께 불순종하고 기근을 피해 모압으로 갔지만, 그 일로 인해 모압 여인 룻은 이스라엘의 가장 위대한 왕인 다윗의 증조모가 되었다. 사단은 가룟 유다로 하여금 예수님을 배반하게 만들었지만, 십자가에서 그리스도의 죽으심은 사단을 물리치고 잃어버린 세상을 구속하는 결과를 가져왔다. 하나님이 함께 하시기만 하면 영원히 패배하는 일은 결코 존재하지 않는다.

베드로는 첫 번째 관문을 통과했다. 그는 분명히 중도에 포기하는 자가 아니었다.

질문 2: 권위에 어떻게 반응해야 하는가?

예수님은 바닷가에 모인 수많은 군중들을 향해 말씀을 증거하기 위한 간단한 "강단"이 필요하셨다. 그래서 예수님은 베드로에게 배에 태워 줄 것을 요청하셨다. 베드로는 그물을 준비하고 있었고, 예수님은 사람들을 낚기 위해 베드로를 준비하고 계셨다. 우리 주님은 언제나 우리의 갈 길을 예비하시며 우리가 주님의 뜻에 순종할 수 있도록 그 길을 더욱 편하게 만들어 주신다. 배 위에서 그물을 씻고 있었던 베드로는 어쩔 수 없이 주님의 설교를 들어야 했다. 우리가 하나님의 말씀을 들을 때 그것은 믿음을 만들어 낸다(롬 10:17).

처음에 베드로는 주님이 군중들을 향해 설교만 하시려는 줄로 생각하고 예수님을 배에 오르도록 허락했다. 그러나 예수님은 말씀을 마치신 후 "깊은 데로 가서 그물을 내려 고기를 잡으라"(눅 5:4)고 베드로에게 말씀하셨다. 예수님은 무슨 권한으로 어부가 가장 소중하게 여기는 것을 이래라 저래라 할 수 있는가? 처음에는 어부의 배를 요구하시더니 이제는 어부의 그물을 요구하고 계신다. 그렇다면 다음에는 무엇을 요구하실까? *바로 어부 자신일 것이다!* 예수님은 그에게 모든 것을 주셔서 진흙이 변하여 반석이 되는 믿음의 발걸음을 내딛도록 베드로를 예비하고 계셨다.

베드로의 마음 속에는 또 다른 의문이 있었다. 일도 하지 않는 목수가 어떻게 고기 잡는 일을 알 수 있단 말인가? 베드로와 그의 어부 친구들은 갈릴리 호수의 오랜 경험을 통해서 고기를 잡으려면 낮에 깊은 데가 아니라 밤에 얕은 곳으로 가야 한다는 것을 알고 있었다. 잘 알려진 명성 있는 어부 베드로가 만약 깊은 데로 가서 그물을 던진다면 바닷가에서 지켜보고 있는 그의 친구들이 비웃을지도 모르는 일이었다.

예수님의 권위는 우리가 받았던 훈련과 전문적인 지식, 경험, 그리고 심지어는 명성까지 도전한다. 그러나 예수님은 베드로의 배가 떠 있는 바다를 창조하셨고 베드로가 잡기 위해 밤새도록 애를 썼던 물고기들을 만드신 분이다. 또한 예수님은 배와 그물을 만든 재료들을 창조하셨다. 예수님은 이미 우리에게 주신 것들, 그리고 우리보다는 예수님이 더 잘 사용하실 수 있는 것들을 되돌려 달라고 요구하신다.

하던 일을 멈추고 베드로는 예수님을 향해 "선생이여!"라고 부르며 예수님이 자기에게 명령하시고 순종을 요구하실 권리가 있음을 인정했다. 성공적인 삶을 위한 열쇠는 우리가 주님의 명령에 복종하는 것에서 찾을 수 있다. "말씀에 의지하여 내가 그물을 내리리이다"(눅 5:5). 하나님은 믿음을 귀하게 여기신다. 그리고 믿음은 순종을 통해 나타난다. 믿음이란 우리 안에 있는 감정이나 주변의 환경, 혹은 우리 앞에 놓여 있는 중요한 일에도 불구하고 주님의 말씀에 단순하게 복종하는 것을 의미한다.

베드로는 두 번째 관문을 통과했다. 그는 그리스도의 권위에 복종했고 주님의 말씀에 순종했다.

질문 3: 성공했을 때 어떻게 해야 하는가?

베드로와 안드레는 그물을 바다에 던졌고 예수님은 그물이 찢어질 만큼 많은 물고기들을 채워 주셨다. 그들은 야고보와 요한에게 다른 배를 가져올 것을 요청했지만 두 배 모두 고기들로 가득 차 가라앉기 시작했다. 이들 네 명의 어부들이 고기 잡는 모습을 바닷가에 서서 지켜보고 있던 다른 동료들은 낮에 그것도 깊은 곳에서 그렇게 많은 물고기들이 잡힌 것을 보면서 틀림없이 놀랐을 것이다.

베드로는 그렇게 놀라운 성공을 거둔 후 어떻게 반응했는가? 우선 *베드로는 자신이 얻은 것들을 다른 사람들과 함께 나누었다.* 하나님이 우리를 축복하시면 우리는 그것을 다른 사람들과도 나눌 수 있어야 한다. 하나님은 아브라함에게 말씀하시기를 "네게 복을 주어 네 이름을 창대케 하리니 너는 복의 근원이 될지라"(창 12:2)고 하셨다. 우리가 이기적인 생각으로 꼭 쥐고 있으면 결국에는 모든 것을 잃어 버리고 만다. 우리가 관대한 마음으로 나누면 우리는 확실하게 소유할 수 있다. 얻기보다 나누기에 더 많은 관심을 가져야 된다는 것은 하나님의 종들에게 있어서 중요한 문제이다. 주는 것은 곧 받는 것이기 때문에 "주는 것이 받는 것보다 복이 있다"(행 20:35). "주라 그리하면 너희에게 줄 것이니…"(눅 6:38)라고 주님은 말씀하셨다.

주님의 일을 하면서 경쟁하는 일이 있어서는 안 된다. 우리가 주님을 섬기기 위해 사용하는 은사들은 원래 주님의 자비로운 손길을 통해 우리에게 주신 것이다. 또한 우리가 섬김을 통해 얻어지는 축복 역시 주님이 주시는 것들이다. 세례 요한의 제자들이 요한에게 와서 예수님을 따르는 사람들이 더 많다고 보고했을 때, 요한은 차분하게 "만일 하늘에서 주신 바 아니면 사람이 아무 것도 받을 수 없느니라.…그는 흥하여야 하겠고 나는 쇠하여야 하리라"(요 3:27, 30)고 했다. 고린도 교회의 성도들은 자기들이 가지고 있는 영적 은사들을 자랑하고, 섬기는 데 사용하기보다는 자신들을 내세우는 데 그것들을 더 많이 사용하고 있었다. 그래서 사도 바울은 "누가 너를 구별하였느뇨? 네게 있는 것 중에 받지 아니한 것이 무엇이뇨? 네가 받았은즉 어찌하여 받지 아니한 것 같이 자랑하느뇨?"(고전 4:7)라고 경고했다.

베드로의 두 번째 반응은 *하나님의 축복으로 인해 겸손해졌다는 점이다.* 베드로는 뱃머리에 올라 해변에 있는 사람들을 향하여 "나를 봐라! 엄청난 일을 해내지 않았느냐!"라고 소리를 지를 수도 있었다. 그러나 베드로는 오히려 예수님의 무릎 아래 엎드려서 "주여, 나를 떠나소서. 나는 죄인이로소이다"(눅 5:8)라고 고백했다. 만약 성공이 우리를 겸손하게 만드는 것이라면, 실패를 했다 하더라도 그것 때문에 절망해서는 안 된다. 그러나 성공이 우리를 교만하게 만든다면 실패는 우리를 낙심시키고 아마도 우리를 멸망시키고 말 것이다. 실패했을 때 타락하는 자들보다 성공했을 때 타락하는 기독교 사역자들이 훨씬 많다. 무엇보다도 우리의 마음이 하나님 앞에 올바로 섰을 때, 하나님의 선하심과 인자하심은 우리로 회개하게 하신다(롬 2:4). 하나님의 성품이 존재하는 곳에서 성공은 사람들을 겸손하게 만든다.

베드로의 고백은 옳은 면도 있고 반면에 잘못된 점도 있었다. 우리 모두 죄인이듯 베드로도 죄인이란 것은 맞는 말이다. 그러나 베드로의 고백은 잘못되었다. 왜냐하면 예수님은 떠날 계획이 아니셨기 때문이다. 예수님의 계획은 정반대였다. 예수님은 베드로와 그의 동업자들을 부르셔서 세상 끝날까지 함께 있게 하려는 계획을 갖고 계셨다. 베드로는 충동적인 사람으로 알려져 있다. 그리고 베드로는 실제로 그렇게 행동할 때가 많았다. 그러나 무슨 말을 하려 했든지 혹은 어떤 행동을 취하려 했든지, 베드로는 표현하기 어려운 것들을 말하려고 노력했다. 베드로는 자신이 예수님과 더불어 배에 함께 있기에는 스스로 가치 없는 존재이며, 주님의 선물을 혼자서는 받을 수 없다는 사실을 인식했다. 그의 행동은 옳았지만 그의 말은 잘못되었다. 어쩌면 우리도 역시 똑같은 잘못을 범하고 있는 지도 모른다.

놀랍게도 성경에 등장하는 수많은 "위대한 인물들"은 자신의 무가치함을 주님께 고백한 사람들이다. 아브라함은 자신을 "티끌"(창 18:27)이라고 불렀고, 이스라엘 열두 지파의 조상인 야곱은 "나는 주께서 주의 종에게 베푸신 모든 은총과 모든 진리를 조금이라도 감당할 수 없사오나"(창 32:10)라고 말했다. 다윗 왕은 "주 여호와여, 나는 누구오며 내 집은 무엇이관대 나로 이에 이르게 하셨나이까?"(삼하 7:18)라고 기도했다. 욥은 "그러므로 내가 스스로 한하고 티끌과 재 가운데서 회개하나이다"(욥 42:6)라고 고백했다. 사도 바울은 "미쁘다 모든 사람이 받을 만한 이 말이여, 그리스도 예수께서 죄인을 구하시려고 세상에 임하셨다 하였도다. 죄인 중에 내가 괴수니라"(딤전 1:15)고 기록했으며, 자신을 "모든 성도 중에 지극히 작은 자보다 더 작은 나"(엡 3:8)라고 인정했다. 그렇다면 우리들은 어느 정도이겠는가?

하나님의 축복을 입으면 그냥 *부풀어오르는* 것으로 끝나는 사람들이 적지 않다. 그러나 베드로는 계속해서 *성장했다.* 하나님이 그에게 대성공을 허락하셨지만 그는 교만하지 않았고 결과에 대해서 자신의 공로라고 내세우지도 않았다. 그는 자기 자신에게 "이런 축복을 받기에 나는 아무런 가치가 없는 자이다. 나의 마음은 죄로 가득 차 있을 뿐이다. 이런 일이 자주 일어난다면 나는 교만해질지도 모른다. 주님의 도우심이 필요하다!"라고 말했다. 하나님이 우리에게 풍성한 축복을 주실 때 가장 안전한 방법은 예수님의 무릎 아래 엎드리는 것이다.

베드로는 성공했을 때 어떻게 처신해야 하는지 알았기에 세 번째 시험을 통과할 수 있었다.

질문 4: 믿음 생활을 어떻게 해야 하는가?

"두려워 말라"는 말씀은 누가복음에만 일곱 번 사용되고 있다(1:13,

30; 2:10; 5:10; 8:50; 12:7, 32). 그런데 베드로가 두려워했던 것은 무엇이었는가? 첫째, 이 기적은 그 동안 베드로가 받았던 모든 훈련과 과거의 경험을 깨끗이 씻어버렸다. 마치 배와 고기 잡는 일에 대해서 아무 것도 모르는 사람처럼 베드로는 처음부터 다시 시작해야만 했다. 이런 일을 당하면 사람들은 낙심하게 마련이다. 대부분의 성인들은 자신의 정체성과 가치를 직업에서 찾게 되는데, 학교에서 학생들을 가르치거나, 집에서 아이들을 양육하거나, 트럭을 몰거나, 아니면 외과 수술을 하는 의사이거나 차이가 없다. 그리스도인들은 직업을 갖는 것이 아니라 하나님의 부르심이라고 하는 사명을 갖고 살아간다. 그리스도인들이란 이 세상에서 어떤 목적을 이루기 위하여 하나님으로부터 부름을 받은 사람들이다. 베드로는 고기 잡는 어부였지만 이제 고기 잡는 일에 대해서 너무나 많은 것을 모르고 있다고 생각하기 시작했다.

그러나 어부로 보낸 모든 세월을 그냥 허비한 것은 아니다. 왜냐하면 하나님은 그 어떤 것도 허비하지 않으시기 때문이다. 예수님은 베드로와 그의 동업자들을 "사람 낚는 어부"로 부르셨다. 이 표현은 예수님이 처음 만드신 것이 아니라 이미 오래 전부터 사용되던 것이다. 헬라의 철학자들과 유대의 랍비들은 "진리의 그물을 던져 제자들을 모으는 일"이라는 표현을 이미 사용하고 있었다. 네 명의 어부들은 자기들의 그물을 던져 살아 있는 고기들을 잡았지만 그 고기들은 금방 죽어 버렸다. 이제 그들은 "복음의 그물"을 가지고 죽은 물고기, 즉 이미 죽어 버린 죄인들을 잡게 될 것이다. 그리고 이들은 곧 생명을 얻게 될 것이다. 훌륭한 어부가 되는 데 필요했던 바로 그 용기, 끈기, 협동심 그리고 지혜 등은 앞으로 훌륭한 전도인이 되는 데 도움이 될 것이다.

예수님은 그들을 믿음의 삶으로 부르셨다. 예수님은 그들의 의견을 묻지도 않고 계약서를 작성하고 네 사람은 거기에 서명을 했다. 우리는 하나님의 뜻을 받아들일 수도 있고 거역할 수도 있다. 그러나 협상은 할 수 없다. 믿음의 삶이란 예수님을 따라가는 것을 의미한다. 그리고 주님이 우리보다 앞서 가시며 우리의 갈 길을 예비하신다는 뜻이다. 주님은 하나님의 일을 위해 일꾼들을 준비하시며(엡 2:10), 동시에 그 일을 수행할 수 있도록 일꾼들에게 능력을 주신다(빌 2:12-13). 믿음의 생활이란 어두움 속으로 무작정 뛰어드는 것이 아니다. 왜냐하면 우리는 세상의 빛되신 주님을 따르는 자들이기 때문이다(요 8:12). 우리는 "내 발에 등이요 내 길에 빛"(시 119:105)이신 주님의 말씀에 의해 인도하심을 받는다.

그 때 당시, 유대 랍비들은 제자들을 부르지 않고 제자들이 찾아와서 그들에게 배울 수 있게 해 달라고 요청할 때까지 기다렸다고 한다. 그러나 예수님은 하나님의 모든 백성들을 부르시고 삶의 목적과 뜻이 이루어지도록 인도하신다. 그것은 생계를 유지하는 것이 아니라 삶을 살아가는 것이다. 만들어 주겠다고 하신 주님의 약속이 있기 때문에 그리스도의 제자들 사이에는 스스로 만들어 놓은 서열이 존재하지 않는다. 사도 바울은 재주도 많고 잘 훈련된 사람이었지만 "나의 나 된 것은 하나님의 은혜로 된 것이니"(고전 15:10)라고 공개적으로 고백했다.

이렇게 베드로는 모든 것을 버리고 그리스도를 따름으로 네 번째 관문을 통과했다.

3
기적은 집에서도 일어난다

마태복음 8:14-17; 마가복음 1:21-34; 누가복음 4:31-41

예수께서 베드로의 집에 들어가사, 그의 장모가 열병으로 앓아 누운 것을 보시고, 그의 손을 만지시니, 열병이 떠나가고, 여인이 일어나서 예수께 수종들더라. 저물매 사람들이 귀신 들린 자를 많이 데리고 예수께 오거늘, 예수께서 말씀으로 귀신들을 쫓아내시고, 병든 자를 다 고치시니, 이는 선지자 이사야로 하신 말씀에, 우리 연약한 것을 친히 담당하시고 병을 짊어지셨도다 함을 이루려 하심이더라.　　　(마 8:14-17)

런던의 한 신문사가 *가정*에 대한 정의 가운데 가장 좋은 것을 찾는 행사를 개최했다. 거기서 "가정이란 우리가 최고의 대우를 받는 장소이며, 동시에 가장 많은 불평을 늘어놓는 곳"이라는 정의가 최우수작으로 선정되었다.

미국 시인 로버트 프로스트(Robert Frost)는 가정을 "당신이 돌아갈 수밖에 없고 당신을 마땅히 받아들이는 장소"라고 했다.[1] 그리고 미국의 해학가인 알버트 허버드(Albert Hubbard)는 가정을 "당신이 어디론가 가기 위해서 옷을 갈아입기 위해 가는 장소"라고 말했다. 아마도 이 세 가지 정의는 우리의 삶 가운데 시대의 차이에 따라서는 맞을 수도 있다. 내 생각에는 영국의 수필가 사무엘 존슨(Samuel Johnson)이 한 말이 제일 좋은 것 같다: "가정이란 당신이 병들었을 때 사람들이 알고 있는 세상의 한 부분이며, 당신이 죽을 때 그리워하는 곳이며, 당신이 살아 있는 동안 당신을 사랑해 주는 곳이다."

예수님을 집으로 초대하자

베드로, 안드레, 야고보와 요한은 예수님을 따라 가버나움의 회당에 들어가 안식일 예배에 참석했다. 그리고 그들은 거기서 예수님이 귀신 들린 사람의 속박을 풀어 주는 장면을 지켜보았다(막 1:21-28). 예배가 끝난 후 베드로는 형제들과 함께 예수님을 집으로 초대하여 같이 지냈다. 베드로는 선생님과 함께 음식을 나누고자 하는 마음이 있었고, 안식일 저녁 식사는 아주 특별한 것이었다. 베드로는 결혼을 했기 때문에(고전 9:5), 그 집에는 그의 아내와 형제 안드레 그리고 장모가 함께 살고 있었다. 예수님이 가버나움에 머무실 때는 언제나 베드로의 집을 본부로 삼으셨던 것 같다. 그리고 지붕을 뚫고 중풍병자를 데리고 와 예수님께 고쳐 달라고 한 집도 베드로의 집이었던 것으로 보인다(눅 5:17-26).

세례 요한은 여러 사람과 어울리는 것을 싫어했다. 이에 반해 예수님은 저녁 식사 초대에 응하셨는데, 그 때문에 먹기를 탐하고 포도주를 즐기는 자라는 비난을 받기도 하셨다(마 11:19). 그는 가나의 혼인 잔치에 참석했으며(요 2:1-2) 레위(마태)와 함께 저녁을 먹기도 했는데, 그 결과 당시 죄인들로 인정되었던 친구들을 만날 수가 있었다(마 9:9- 13). 또한 예수님은 심지어 자기를 잡으려고 기회를 엿보던 원수들과 식사를 같이 하신 적도 있었다(눅 14:1-4). 예수님은 이와 같은 일상적인 일들을 아버지와 하나님 나라의 축복에 대해서 증거하는 기회로 삼으셨던 것이다(고전 10:31).

몇 년 전, "예수 그리스도는 우리 집의 한 식구"라는 액자를 집에 걸어놓은 그리스도인들이 많이 있었다. 거기에는 다음과 같은 말이 적혀 있다:

그리스도는 이 집의 주인이시요,
식사 때마다 보이지 않는 손님이시요,
모든 대화에 말없이 듣는 이시다.

베드로는 이런 액자를 걸어 놓지는 않았지만 예수님을 주인으로 모셨다. 그리고 그것은 더욱 훌륭한 일이었다. 우리는 우리 마음 속에 예수님을 초청해야 하며 만약 결혼을 한다면 그 결혼식에도 초청해야 한다. 뿐만 아니라 우리가 어느 곳에 살든지 주님을 모셔들여야 한다. 그것은 하나님이 우리의 진실하면서도 영원한 거처가 되시기 때문이다. "주여, 주는 대대에 우리의 거처가 되셨나이다"(시 90:1). "사람이 나를 사랑하면 내 말을 지키리니, 내 아버지께서 저를 사랑하실 것이요, 우리가 저에게 와서 거처를 저와 함께 하리라"(요 14:23) 하신 말씀대로 이루어 주실 것이다.

예수님을 가정의 주인으로 모시는 것은 벽에 보기 좋은 액자를 걸어놓는 것보다 더 많은 의미를 포함한다. 그것은 예수님을 우리 인생의 주님으로 모시고, 매일같이 그의 말씀에 귀를 기울이며, 가정에서 되어지는 모든 일에 있어서 하나님께 영광을 돌리는 것을 의미한다. 그것은 예수님이 기뻐하시지 않는 것은 모두 제하여 버리고 하나님께 영광이 되는 것을 받아들이는 것을 의미한다. 진실된 그리스도인 가정이라면 거기에는 소외를 시키거나 편파적인 일은 있을 수 없다. 거기에는 분명히 다른 것이 있어야 하는데, 그 곳을 방문하는 자마다 간파할 수 있는 것이어야 한다. 그 곳은 예수 그리스도께 예배하며, 일주일 내내 서로 섬기며, 모든 사람과 자원들이 주님의 뜻에 따라 사용되어지는 장소이다.

우리가 필요로 하는 것을 예수님께 고백하자

예수님과 네 명의 제자들이 베드로의 집에 들어갔을 때, 그들은 베드로의 장모가 열병으로 앓아 누워 있는 것을 보게 되었다(막 1:29-30). 그녀의 병명이 무엇이었는지는 알 수 없지만, 그녀는 어떤 것도 도움도 없이 고열에 시달리고 있었다. 고열은 땀을 많이 흐르게 하고 두통을 동반한다. 그리고 어떤 자세로 눕더라도 도무지 편하지가 않다. 이리저리 뒤척이며 잠을 청해 보지만 비참해지기만 할 뿐이다. 요즈음은 열을 떨어뜨리는 약이 나왔지만 예수님 당시에는 그냥 참는 수밖에 별 도리가 없었고 그저 열이 떨어지기만을 기다리는 것이 전부였다.

예수님의 부르심에 응답한 베드로는 이제 막 예수님을 따르기 시작했다. 그런데 벌써 베드로의 가정과 식구들 사이에 문제가 발생한 것이다. 그는 예수님께 헌신한다고 해서 일상적인 문제와 걱정거리들이 일순간에 사라지는 것은 아니라는 사실을 빨리 터득했다. 사실 베드로는 훗날 "너희 염려를 다 주께 맡겨 버리라. 이는 저가 너희를 권고하심이니라"(벧전 5:7)고 기록했다. 죽기 전에 베드로는 시편 55편 22절의 말씀을 실제로 입증했다: "네 짐을 여호와께 맡겨 버리라. 너를 붙드시고 의인의 요동함을 영영히 허락지 아니하시리로다." 그는 자신의 삶 가운데 그리스도의 능력을 매일 경험할 수 있었다.

그 날 아침 네 명의 제자들은 회당에서 예수님이 귀신을 내어쫓으시는 엄청난 기적을 목격했었다(막 1:21-28). 이제는 베드로의 집에서도 기적이 베풀어졌다. 이와 같이 예수님은 베드로의 초라한 집에서도 그의 능력을 보여 주실 수 있었던 것이다. 교회에 가서 열광적인 사람들에게 둘러싸여 헌신적인 마음으로 하나님께 예배하는 것은 가치 있는 일이다. 그러나 집에서 능력 가운데 역사하시는 하나님을 신뢰하는 것도 대단히 중요하다. 진실로 우리의 헌신과 믿음을 점검하는 것은 공공 장소같이 사람들이 보는 앞에서가 아니라 자기의 집에서 개인적으로 확인할 수 있어야 한다. 베드로의 믿음은 갈릴리 호수에서 살아 움직이기 시작했다.

그렇다면 지금 이 순간에도 살아 역사해야 하지 않겠는가?

마태는 침대에 누워 있는 베드로의 장모를 지켜보시는 예수님께 초점을 맞추고 있다. 그러나 마가와 누가는 그녀를 위해 제자들이 개입하는 장면을 첨가하고 있다. 마가는 그녀가 원하는 것이 무엇인지를 예수님께 말씀드리는 사람들을 소개했고(막 1:30), 누가는 "사람이 저를 위하여 예수께 구하니"(눅 4:38)라고 기록했다. 예수님은 이제 그들의 요청을 수락하셨고 베드로의 장모의 병을 고쳐 주셨다(마 8:15; 막 1:31; 눅 4:39).

이 이야기는 주님이 이미 우리의 문제를 보시고 또 알고 계시지만 우리는 계속해서 기도해야 한다는 사실을 교훈하고 있다. 왜냐하면 기도는 우리의 필요를 채울 수 있도록 하나님이 약속해 주신 방법이기 때문이다(약 4:2). 우리의 삶과 우리가 염려하는 모든 것 가운데 하나님이 역사하시는 능력을 보기를 원한다면, 우리는 반드시 기도해야 한다. 또한 기도는 그 안에서 자라나는 것이다. 우리가 기도 학교를 졸업할 수는 없다. 그렇다고 유치원에 남아 있어야 한다는 것 또한 아니다.

기도는 우리의 필요를 말씀드리고 하나님의 도우심을 간구하는 것 이상의 더 많은 것을 포함한다. 그것은 성령의 역사하심을 통하여 하나님 아버지와의 관계를 더욱 밀접하게 발전시켜 나가는 것이다. 우리의 기도 생활이 더욱 성숙해질수록 우리는 하나님의 뜻을 더 잘 이해하게 된다. 또한 기도하다 보면 우리가 모르고 있을 때 어떻게 기도해야 하는지를 깨닫게 된다. 한편 하나님은 우리를 위해 역사하실 뿐만 아니라 우리를 통해서도 역사하시기 때문에(엡 3:20), 기도는 하나님의 응답을 이루는 한 부분으로 우리 자신을 사용하시게 됨을 의미한다. 진실된 중보 기도자는 언제나 하나님의 뜻을 이루기 위해 노력하는 사람들이다.

예수님이 역사하신다는 사실을 신뢰하자

믿음과 기도는 같이 움직인다. 그렇지 않다면 기도는 단순히 의미 없는 종교적 행위에 지나지 않을 것이다. 예수님은 "그러므로 내가 너희에게 말하노니, 무엇이든지 기도하고 구하는 것은 받은 줄로 믿으라. 그리하면 너희에게 그대로 되리라"(막 11:24)고 제자들에게 약속하셨다. 앞으로 몇 주 지나지 않아서 베드로와 그의 친구들은 시간과 장소에 관계없이 어떤 문제가 닥치더라도 예수님을 믿고 따르는 자신들의 모습을 발견하게 될 것이다. 하나님께는 능치 못한 일이 없다.

예수님은 베드로의 집에 안식일 손님으로 들어가셨지만 곧바로 그 집의 주인이 되셨다. 마치 베드로의 배를 주장하셨던 것처럼 베드로의 집을 장악하셨다. 우리가 예수님께 무엇이든 맡기면 놀라운 일들이 일어나기 시작한다.

예수님은 여자에게 다가가 내려다 보시며 그녀의 손을 잡으셨다. 그는 열병을 꾸짖으시고 여자를 일으켜 세우셨다. 그녀는 질병으로부터 완전히 놓임을 받았다. 주님의 능력이 그녀의 몸을 순식간에 회복시켜 주었기 때문에 회복기가 필요하지도 않았다.

하나님은 우리가 믿음으로 간구한다고 해서 언제나 즉각적으로 건강을 회복시켜 주시지는 않는다. 하나님은 때때로 의료 전문가들이 제공하는 수단들을 사용하시기도 하며 또 그것을 축복하신다. 그런 수단들의 사용 여부를 불문하고 병을 낫게 하시는 것은 어디까지나 하나님의 축복이다. "의료비 청구서를 보내는 것은 나지만 치료하시는 분은 하나님이십니다"라고 말하는 의사를 본 적이 있다. 조지 맥도날드(George Mac-Donald)라고 하는 스코틀랜드의 소설가는 예수님의 기적은 하나님 아버지께서 서서히 만들어 내시는 것을 즉각적으로 성취하는 것이라고 표현했다. 아버지는 언제나 시절을 따라 곡식들을 서서히 쌓아 가시지만, 예수님은 일순간에 빵을 만들어 내신다. 아버지는 계절에 맞춰 물을 포도주로 만드시지만, 예수님은 혼인 잔치 자리에서 단숨에 포도주를 만들어 내신다. 어찌 하든지 일하시는 분은 하나님이시다.

또한 하나님은 우리가 기도하는 사람들마다 반드시 치료하시지는 않는다는 사실을 명심할 필요가 있다. 예수님이 치료해 주신 사람들, 심지어는 죽었다가 다시 살아난 사람들도 이런 저런 이유로 인해 죽을 수밖에 없었다. 누구든 육신을 입고 있는 자들은 영원히 살 수 없기 때문이다. 목회를 하면서 병들고 고통 가운데 있는 자들을 위한 기도 모임에 동참하고 있지만 깨끗이 치료가 되는 이들은 한정되어 있다. 그 결과가 어떻든지 우리는 욥과 같은 심정으로 말할 수 있어야 한다: "주신 자도 여호와시요 취하신 자도 여호와시오니, 여호와의 이름이 찬송을 받으실지니이다"(욥 1:21).

예수 그리스도는 분명히 "위대한 의사"이시다(마 9:12). 그리고 예수님은 왕진도 하신다. 주님이 처방을 내리실 때 그는 언제나 정확하시다. 그의 치료는 완벽하고 언제나 끝을 보신다—그리고 주님이 모든 비용을 지불하신다!

예수님께 감사를 표시하자

베드로의 장모는 자리에서 일어나자 곧바로 안식일 음식을 장만해서 예수님과 네 명의 제자들의 시중을 들기 시작했다(마 8:15; 막 1:31; 눅 4:39). 그러한 행동은 주님이 해 주신 일에 대하여 나름대로 감사를 표현하는 그녀의 방법이었다. 그녀가 선교사를 지원했는지 아니면 예수님께 또 다른 특별한 일을 부탁했는지에 대해서는 아무런 증거가 없다. 그녀는 단순히 사랑과 감사의 마음을 가지고 오래 전부터 해 오던 일로 되돌아갔다. 그리고 이와 같은 일은 예수님을 기쁘시게 해 드리는 새로운 기회로 변화되었다. 베다니에서 예수님을 위하여 헌신한 마리아의 경우와 같이, 베드로의 장모의 사건을 목격한 사람들은 아주 소수에 불과했다. 그러나 이 사건은 온 세상을 향한 축복의 사건이 되었다.

이 땅에서 사역하시는 동안 예수님은 많은 무리를 치료하셨다. 그러나 그들 모두 신실한 제자가 된 것은 아니었다. 그들 가운데 적어도 한 사람은 예수님을 대적했다(요 5:1-15). 그들이 사랑하는 자들이 예수님께 치료를 받고 먹을 것을 제공받았지만, 주신 선물만 감사하게 여길 뿐 너무나 많은 사람들이 누가 주셨는지를 잊어버렸다. 그러나 베드로의 집에서는 그렇지 않았다. 베드로의 장모는 곧바로 주님을 섬기며 기쁘시게 해 드리기 위해 최선을 다 했다.

의심할 여지없이 예수님은 안식일 식사를 하시고 휴식을 취하셨다. 저녁이 되면 곧바로 사역을 시작하셔야 했기에 쉬신 것은 잘한 일이었다. 그 날 아침 회당에서 기적을 행하셨기 때문에 예수님이 가까이 계시다는 소문이 근처 사방에 퍼졌다(막 1:28; 눅 4:37). 안식일이 끝나갈 때, 유대인들은 베드로의 집으로 병들거나 귀신들린 사람들을 데리고 왔다. 온 마을 사람들이 문 앞에 몰려온 것이다. 예수님은 사람들이 만든 규율에 신경을 쓰지는 않으셨지만, 안식일에 병을 고치는 것은 유대 전통에 위배되는 일이었고 그래서 무리들은 해가 질 때까지 기다리고 있었다. (안식일에 금지된 일이 37가지가 있는데, 병을 고치는 것도 그 중의 한 가지이다.)

예수님이 말씀만 하셔도 귀신들은 도망쳤다. 거역하는 사람은 아무도 없었고, 올 때 모습 그대로 돌아가는 사람은 한 명도 없었다. 예수님은 모든 사람들을 고쳐 주셨다.

예수님이 집에 들어가시면 그 집은 그 지역의 축복의 근원으로 바뀌어지기 마련이다. 그것은 주님 되신 예수님을 다른 사람들과 함께 나누기 때문이다. 우리의 이웃들은 베드로 부부의 집처럼 활기에 넘치는 그리스도인 가정을 원하고 있다. 제자로서 우리의 사역이 가정에서부터 시작되지 않는다면, 사역의 열매를 맺는 일은 다른 어떤 장소에서도 불가능할 것이다. 네 사람은 예수님과 함께 회당으로 갔고 베드로는 그들과 함께 예수님을 집으로 초대했다. 이렇게 작은 일에서 출발하여 많은 사람에게 엄청난 축복이 주어졌다.

마태는 베드로의 집에서 많은 병자들을 치료하시는 예수님의 사건을 설명하면서 "우리 연약한 것을 친히 담당하시고 병을 짊어지셨도다"(마 8:17; 사 53:4 참조)라는 선지자 이사야의 예언이 성취되고 있는 것을 보았다. 어떤 사람들은 이 말씀을 "대속을 위한 치료"라고 해석하기도 한다. 또 모든 성도들은 육체의 치료를 받아야 하며 또 받을 수 있다고 해석하는 이들도 있다. 그러나 마태는 예수님이 사람들의 고통을 짊어지신 때는 십자가 위에서가 아니라 *공생애 기간 중*이었음을 분명히 기록하고 있다. 십자가 위에서 죽으신 주님의 희생은 우리에게 주어지는 모든 축복의 기초가 된다. 예수님이 우리를 위해 죽으셨기에 성도들이 영광스러운 육체를 소유하게 될 날이 언젠가는 오게 될 것이다. 그러나 아직은 그 때가 이르지 않았고 또 그것을 주장할 때도 아직은 아니다. 성경에 병이 치료되는 장면은 구원을 얻는 사건으로 나타난다(시 103:3; 마 9:1-8). 베드로는 이사야서 53장 4절을 인용하면서 이와 똑같은 방법을 적용했다(벧전 1:24).

주님이 행하신 기적들은 대부분 사람들이 보는 앞에서 공개적으로 이루어졌다. 그러나 본문의 사건은 가정에서 행해진 여섯 개의 기적들 가운데 최초로 이루어진 사건이다. 예수님은 중풍병자를 치료하셨는데, 그 장소는 아마도 베드로의 집이었을 것이다(마 2:1-12). 또한 예수님은 신하의 아들을 고쳐 주셨고(요 4:43-54), 백부장의 하인(눅 7:1-10), 그리고 가나안 여인의 딸(마 15:21-28)을 치료하셨다. 야이로의 집에서는 열두 살 짜리 죽은 딸을 살려 주셨다(막 5:21-43).

우리가 주님을 집으로 초대하여 우리 집의 주인으로 모신다면, 예수님은 오늘도 우리 집에서 기적적인 일들을 베풀어 주실 것이다.

4
풍랑 이는 밤을 위한 신앙 고백

마태복음 14:22-36; 마가복음 6:45-56; 요한복음 6:15-21

예수께서 즉시 제자들을 재촉하사, 자기가 무리를 보내는 동안에 배를 타고 앞서 건너편으로 가게 하시고, 무리를 보내신 후에 기도하러 따로 산에 올라가시다. 저물매 거기 혼자 계시더니, 배가 이미 육지에서 수리나 떠나서 바람이 거슬리므로 물결을 인하여 고난을 당하더라. 밤 사경에 예수께서 바다 위로 걸어서 제자들에게 오시니, 제자들이 그 바다 위로 걸어오심을 보고 놀라 유령이라 하며 무서워하여 소리지르거늘, 예수께서 즉시 일러 가라사대 안심하라. 내니 두려워 말라. 베드로가 대답하여 가로되 주여, 만일 주시어든 나를 명하사 물 위로 오라 하소서 한대, 오라 하시니, 베드로가 배에서 내려 물 위로 걸어서 예수께로 가되, 바람을 보고 무서워 빠져 가는지라. 소리질러 가로되 주여, 나를 구원하소서 하니, 예수께서 즉시 손을 내밀어 저를 붙잡으시며, 가라사대 믿음이 적은 자여, 왜 의심하였느냐 하시고, 배에 함께 오르매 바람이 그치는지라.　　　　　　　　　　　　　　　　　(마 14:22-32)

　1834년 4월 23일, 미국의 수필작가 랄프 왈도 에머슨(Ralph Waldo Emerson)은 자신의 잡지에 "비가 온다. 비가 온다. 좋은 비이지만, 못된 설교자처럼, 언제 끝날 줄을 모른다"라는 글을 썼다. 몇 년 후에, 그의 친구 헨리 롱펠로우(Henry W. Longfellow)는 가을 폭풍을 바라보면서 자신의 허무했던 청년 시절과 성큼 다가오고 있는 "어둡고 음울할 것 같은" 자신의 말년의 모습을 느꼈다고 한다. 그러나 그는 자신의 믿음을 재정립하고 마지막 부분에 이렇게 썼다:

> 잠잠하거라, 슬픈 가슴이여! 그리고 불평을 거두어라;
> 구름 뒤에는 여전히 밝게 빛나는 태양이 있다:
> 그대의 운명도 다른 이들의 운명과 다를 바 없다:
> 빗물이 모든 이들에게 떨어지듯,
> 언젠가는 어둡고 음울한 날이 오고야 말리라.

아랍 친구가 말했듯이, "모든 햇살은 사막을 만들어낸다."

비오는 날이 좋을 때가 있다. 특별히 집안에 머물 수 있을 때는 더욱 그렇다. 차를 마시고, 좋은 책을 읽고, 음악을 듣기에 너무도 좋은 시간 이다. 그러나 단단히 무장만 할 수 있다면 나는 비오는 날 걷는 것을 좋아 한다. 왜냐하면 다른 기후 조건이 내 마음과 생각에 자극을 주고 내 인생 의 새로운 면을 보게 해 주기 때문이다. 어렸을 때 나는 베란다에 앉아 폭풍우가 몰아치는 것을 지켜보곤 했었다. 내가 했던 일은 비가 내리는 것을 바라보며 일상적인 일들을 곰곰이 생각하는 것이 전부였다. 특별한 것은 없었다.

그러나 어렸을 때 나를 정말로 놀라게 했던 폭풍을 기억하고 있다. 나 는 위스컨신(Wisconsin) 주(州)의 스털견만(Sturgeon Bay)에서 아 버지와 동생 둘 그리고 로이 삼촌과 함께 배를 타고 낚시를 즐기고 있었 다. 때는 이른 아침이었는데, 물고기들이 너무 잘 잡혀서 우리들은 잡아 올린 물고기들을 미처 챙길 여유도 없이 배 바닥에 그냥 내동댕이치고 낚시를 던지기에 여념이 없었다.

그 때 갑자기 "폭풍이 몰려온다"라고 로이 삼촌이 소리를 질렀다. 그는 특별히 스털견만의 해수면과 기후 그리고 낚시하는 일에 대해서 아주 많 은 것을 알고 있었다. 삼촌은 "지금 당장 해안으로 나가는 것이 좋겠어요" 라고 제안했다.

우리들은 낚싯대를 끌어올리고 큰 동생은 시동을 걸었다. 그러나 폭풍은 잽싸게 밀려들어오더니 우리보다 먼저 해변을 강타하기 시작했다. 배를 정박시킬 때까지 우리는 비에 흠뻑 젖었고 나는 완전히 겁에 질려 있었다. 오직 배 밑바닥에서 퍼드덕거리던 물고기들만이 앞으로 어떻게 될지 알지도 못하면서 세차게 몰아치는 빗줄기를 즐기고 있을 뿐이었다.

나는 밤중에 갈릴리 호수의 폭풍에 시달리고 있는 제자들과 함께 있고 싶은 마음은 추호도 없다. 내가 설명했던 폭풍보다 훨씬 더 강력하고 제자들의 배에는 모터 엔진도 없지 않은가. 제자들은 세차게 몰아 치는 무서운 바람에 부딪쳤고, 애써 노를 저어 해변으로 가보려고 했지만 쉬운 일은 아니었다.

갈릴리 호수에서 배를 타 본 적이 있다. 따뜻한 햇살이 내리쬐는 날이었는데, 우리 일행은 가버나움을 향하고 있었다. 나는 안내원에게 "이런 호수에 폭풍이 몰아치는 것을 보았습니까?"라고 소리쳐 물었다. 그는 표정이 굳어지면서 대답했다, "예! 그런데 다시는 그런 일이 없기를 바랍니다." 우리의 인생에도 폭풍이 몰려온다. 따라서 우리는 준비하고 있어야 한다. 옷이 젖고 살갗이 차가워지겠지만 그런 것들은 얼마든지 해결될 수 있다. 그러나 마음에 상처가 생기고 인생이 산산이 부서지며 아무 희망도 없이 인생의 바다에서 허우적거리게 된다면 이것이 진짜 문제이다.

우리의 인생을 결정하는 것은 우리의 삶 가운데 무엇을 가지고 있느냐에 따라서 결정된다. 제자들에게 필요했던 것은 믿음이었다. 믿음은 우리에게도 필요하다. 인생의 폭풍 속에서도 우리에게 용기를 주는 믿음의 고백에 대해서 이야기하고자 한다. 그것은 다섯 개의 간단한 증언으로 구성되어 있다.

주님이 나를 이 곳으로 인도하셨다.

우리에게 문제를 야기하는 폭풍들 중 어떤 것은 우리가 주님께 순종하지 않았기 때문에 발생한 것이다. 요나의 이야기는 이에 대한 좋은 예가 된다. 바다가 아니라 땅바닥에 내동댕이쳐진 것이지만 밧세바를 범한 다윗 왕의 경우도 마찬가지이다. 어떤 폭풍들은 사도행전 27장에 설명된 내용과 흡사하다. 하나님께 복종하지 않은 다른 사람들 때문에 폭풍이 밀어닥쳤고 우리들은 갑판 위에 서 있게 된 것이다. 바울은 로마 백부장에게 문제가 발생할 것이라고 경고했지만, 선장은 "전문가들"의 말을 듣기로 선택했고, 투표를 해서 순하게 불어오는 남풍을 선택했다. 그러나 남풍은 곧 폭풍으로 변했고, 결국 사람들과 배만 남기고 모든 것을 잃어버렸다. 바울의 잘못은 아니었지만 그 폭풍 때문에 바울도 고통을 받아야만 했다.

그러나 *제자들은 주님께 복종했기 때문에 폭풍을 만났다!* 폭풍이 다가오고 있는 것을 정확히 알고 계셨던 예수님은 사람들을 바다 건너편으로 보내셨다(마 14:22-24). 그들은 예수님을 도와 이제 막 오천 명을 먹인 뒤였기에(14:13-21) 예수님과 제자들, 모두 열세 명은 인기인이 되어 있었다. 군중들은 기적 같은 무료 급식에 대단히 흥분되어서 예수님을 왕으로 삼으려 했고 제자들마저도 그들의 뜻에 동조하고 있었다. 그렇게 된다면 베드로는 수상이 될 것이고, 유다는 재무부 장관이 될 것이며, 나머지 제자들도 한 자리씩 차지하게 될 것이었다. 주님은 이런 생각들이 위험하다는 것을 알고 계셨다. 그래서 제자들을 억지로 배에 태워서 바다 건너편으로 가게 하셨다. 이렇게 명령하심으로 예수님은 제자들에게 정해진 목적지에 도착할 것이라는 사실을 확인시켜 주신 것이었다. 그러나 그들은 폭풍이 밀어닥쳐 목숨이 위태롭게 되자 그 사실을 잊어버렸던 것 같다.

나의 인생과 사역을 돌아보면, 하나님은 두 종류의 폭풍을 통하여 나를 인도하셨던 것을 알 수 있다. *"바르게 하는 폭풍"*은 우리가 하나님의 뜻에 복종하지 않을 때 우리를 단련시킨다. 반면에 "*온전케 하는 폭풍*"은 우리가 주님께 복종하는데도 불구하고 나타나는 주님의 역사이다. 나는 아내와 함께 첫 목회지에 부임해서 선교 사역의 계획을 세우던 때를 회상한다. 첫 아이의 출산을 눈앞에 두고 있던 무렵 베티(Betty)가 유행성 이하선염에 걸렸다. 의사는 완쾌될 때까지 아내에게 침대에 누워 있을 것을 지시했다. 그녀가 일어날 수 있게 되었을 때, 이번에는 내가 얼음 위에 미끄러지면서 오른쪽 발목이 부러져 버렸다. 집 바깥으로 나갈 수도 없었고, 시카고(Chicago)의 루즈벨트대학교(Roosevelt University)에서 매주 열리던 선교사 훈련도 마무리 과정에서 중단해야만 했다. 회복을 위한 몇 주간 동안, 주님은 우리 두 사람에게 앞으로의 사역의 계획에 대해서 말씀해 주셨고, 선교지로 떠나지 말고 교회 목회에 전념해야 할 것을 확인시켜 주셨다. 실망스러웠다. 그러나 피어슨(A. T. Pierson)이 늘상 말했듯이, "실망은 곧 하나님의 약속"이 되었다.

우리에게 밀어닥친 폭풍이 바르게 하는 것이라면 주님과의 관계를 바로 잡고 올바른 길로 되돌아와야 한다. 그 폭풍이 온전케 하는 폭풍이라면, 하나님을 기다리며 하나님이 우리를 지켜보고 계시다는 것을 굳게 믿어야 한다. 그 폭풍이 아무리 험난한 것이라 할지라도, 하나님의 뜻을 거역했을 때 당하는 고통과 비교하면 한층 견디기 쉬울 것이다. 게다가 폭풍 가운데서 하나님은 우리를 위해 예비해 놓으신 것들을 허락해 주시기도 한다. 주님을 섬기는 동안 제자들은 수많은 환난과 핍박을 경험하면서 복종하는 마음만 있으면 거센 바람과 풍랑을 두려워할 필요가 없다는 것을 알게 되었다.

아내와 더불어 첫 번째 교회를 섬기는 동안, 주님은 우리에게 새 예배당을 건축하도록 인도하셨다. 그 일은 너무나도 시급한 일이었다. 새 집 하나도 만들 줄 모르는 내가 교회 건축을 감독해야 했다. 그러나 주님은 세상의 미련한 것들을 택하여 강한 자를 꺾는 분이시다. 공사가 자꾸만 지연되다가 겨울이 되어서 원형 조형물을 설치하고 나서야 공사를 끝내게 되었다. 그 건물 주변을 지나칠 때마다 그 아름다운 건축물이 눈과 얼음으로 뒤덮여 있는 모습을 보면 나는 거의 위장병이 생길 정도였다. 그러나 주님은 "불과 우박과 눈과 안개와 그 말씀을 좇는 광풍이며"(시 148:8)라는 말씀을 내게 보여 주셨다. 하나님이 바르게 하는 폭풍을 보내시든지 아니면 온전케 하는 폭풍을 보내시든지 우리는 겁낼 것이 없다. 왜냐하면 하나님이 친히 당신의 뜻을 성취해 가시기 때문이다.

주님이 나를 위해 기도하신다

제자들을 배에 태워 억지로 보내신 후에, 예수님은 혼자 떠나셔서 기도하셨다(마 14:23). 제자들은 뒤를 돌아보았고 예수님이 산에 올라가시는 것을 보았을 것이 분명하다. 제자들은 예수님이 많은 사람들을 위해 일하신 후에 종종 조용히 따로 머무시면서 묵상과 기도를 하신다는 것을 알게 되었다. 또한 제자들은 예수님이 기도하실 때 자기들을 위해서도 기도하신다는 것을 알고 있었다. 우리는 예수님을 직접 볼 수도 없고 직접 들을 수도 없다. 그러나 우리 주님은 하늘에 머무시며 "하나님 우편에 계신 자요 우리를 위하여 간구하시는 자"(롬 8:34)이시다. 그는 지금도 살아 계셔서 항상 우리를 위하여 간구하신다(히 7:25).

이 장면은 성경에 기록되어 있는 중보 기도 사역에 관한 생생한 그림 두 개 가운데 하나이다. 예수님은 산 위에서 제자들이 곤경에 빠져 있는 모습을 폭풍 사이로 보고 계셨다. "바람이 거스르므로 제자들이 괴로이 노 젓는 것을 보시고"(막 6:48)라는 기록은 주님이 제자들의 고통과 수고에 공감하고 계셨음을 보여 준다(히 4:14-16). 사단은 제자들을 물에 빠뜨리려 했지만 주님의 기도는 그들을 구원하셨다.

　두 번째 그림은 출애굽기 17장 8절부터 15절에 기록되어 있는데, 모세가 산 위에 서서 골짜기 아래에서 아말렉 사람들과 싸우고 있는 여호수아를 돕는 장면이다. 모세가 손을 들고 있으면 여호수아와 그의 군사들이 치고 올라가고, 모세가 손을 내리면 아말렉이 승리했다. 그래서 아론과 훌은 여호수아가 적들을 물리칠 때까지 모세의 양손을 들고 있었다. 물론 하늘에 계신 우리의 중보자는 우리가 전투에서 이길 수 있도록 우리를 도와 주실 필요가 없다. 왜냐하면 십자가 위에서 이미 원수들을 물리치셨기 때문이다. 우리는 승리를 *위해서* 싸우는 것이 아니라 *이미* 승리*했기* 때문에 싸운다. 그리고 우리가 해야 할 일은 은혜의 보좌 앞에 나아가 하나님께 은혜와 자비를 베풀어 주시기를 간구하는 것이다. 또한 주님이 우리를 위하여 기도하고 계시다는 사실을 인식하는 것은 주님을 향해 기도하도록 우리에게 용기를 준다.

　인생의 폭풍 속에서 우리는 혼자라는 것을 쉽게 느끼게 된다. 그리고 아무도 우리를 돌보지 않는다고 걱정한다. "내 우편을 살펴보소서. 나를 아는 자도 없고, 피난처도 없고, 내 영혼을 돌아보는 자도 없나이다"라고 다윗은 근심에 쌓여 부르짖었다. 그러나 다윗은 믿음에 감동하여 소리쳤다: "주는 나의 피난처시요 생존 세계에서 나의 분깃이시라"(시 142:4-5). 우리는 과거로 돌아가 갈보리 언덕에서 우리를 위해 죽으신 예수님으로 인해 하나님께 감사하고, 동시에 장차 우리를 위해 이 땅에 오실 예수님을 생각하며 그 날을 기다리고 있다. 그러나 우리는 지금도 살아 계셔서 우리를 위해 간구하시는 예수님을 바라보며 마음 속에 새겨야 한다. 원수들은 우리를 미혹하여 우리가 혼자이며 버림받았다는 생각을 하도록 만들지만, 예수님은 결단코 우리 곁을 떠나시거나 우리를 버리지 않으신다(마 28:20; 히 13:5).

주님이 우리에게 오실 것이다

주님은 언제나 우리와 함께 하신다. 그러나 특별한 방법으로 우리에게 찾아오셔서 자신을 나타내실 때가 종종 있다. 한밤중에 제자들이 모든 것을 포기하려고 할 때, 예수님이 바다 위를 걸어오셨다. 제자들을 놀라게 했던 파도는 사랑하는 제자들을 구원하기 위해 찾아오시는 주님에게 발판이 되었을 뿐이다. "네가 물 가운데로 지날 때에 내가 함께 할 것이라. 강을 건널 때에 물이 너를 침몰치 못할 것이며…"(사 43:2).

우리는 성경에 기록되어 있는 여러 그림들을 보며 고통과 환난 속에서 주님이 함께 하심을 믿는다는 것이 무슨 뜻인지 잘 알고 있던 사람들을 많이 만나게 된다. "여호와께서 요셉과 함께 하시므로…요셉이 옥에 갇혔으나 여호와께서 요셉과 함께 하시고…여호와께서 그의 범사에 형통케 하셨더라"(창 39:2, 20-21, 23). 여리고에 가까웠을 때 여호수아는 군대 장관으로 나타나신 주님을 만났다(수 5:13-15). 주님은 언제나 우리에게 용기를 주시는 분의 모습으로 찾아오신다. 주님은 풀무 가운데서도 세 명의 신실한 유대 청년들과 동행하셨다(단 3:24-25). 또한 주님은 고린도에서(행 18:9-10), 예루살렘에서(23:11), 그리고 폭풍 가운데서도(27:22-24) 바울과 함께 하셨다. 바울이 가이사에게 심판을 받을 때, 비록 로마의 모든 성도들로부터 버림을 받았지만 주님은 바울과 함께 계셨다(딤후 4:16-17).

문제는 예수님이 우리에게 다가오실 때 그가 누구신지를 깨닫지 못할 때가 허다하다는 것이다. 제자들은 바다 위를 걸어오는 물체를 보고 죽음의 세계로부터 온 유령이라고 생각했었다. 제자들이 무서워서 소리를 지르고 있을 때 예수님은 그들 옆으로 지나가시려 했다고 마가는 당시의 상황을 소개하고 있다(막 6:48). 그러나 제자들을 안심시키고 구원하러 오셨다면 그냥 지나가실 이유가 무엇이겠는가? 주님은 제자들이 자기를 알아보고 배 안으로 모셔들이기를 기다리셨던 것은 아닐까? 아니면 단순히 제자들의 믿음을 시험하시려 했던 것일까? 어떤 성경은 "지나가시려 의도했었다"라고 번역하고 있다. 분명한 것은 제자들을 진정시키는 주님의 목소리가 두려워 떨고 있는 자들에게 확신을 가져다 주었다는 사실이다. 그리고 이 사실은 우리가 인생의 폭풍 가운데 빠지게 될 때 우리도 주님의 말씀에 귀를 기울여야 한다는 것을 가르쳐 준다.

하나님의 백성들이 마침내 천국에 도착하면, 주님은 아마도 "이것이 바로 네가 살아온 인생이다!"라고 말씀하시며, 주님이 함께 하셨으나 우리가 깨닫지 못한 경우가 얼마나 많았는지 우리에게 보여 주실 것이다. 우리가 절망 가운데 빠져 있을 때, 우리 옆에 있었던 전혀 낯선 이들이 나중에 알고 보니 주님의 천사일 수도 있다. 기적의 시대는 절대 끝난 것이 아니다. 주님은 지금도 당신의 백성들을 돌보고 계신다.

주님은 우리가 성장하도록 도우신다

폭풍을 주시는 목적 가운데 하나는 "오직 우리 주 곧 구주 예수 그리스도의 은혜와 저를 아는 지식에서 자라 가라"(벧후 3:18)는 것이다. 우리의 믿음이 성숙해지는 것은 일기 예보를 들었기 때문이 아니라 폭풍 가운데로 통과했기 때문이다. "모든 은혜의 하나님 곧 그리스도 안에서 너희를 부르사 자기의 영원한 영광에 들어가게 하신 이가 잠깐 고난을 받은 너희를 친히 온전케 하시며, 굳게 하시며, 강하게 하시며, 터를 견고케 하시리라"(벧전 5:10). 이 말씀은 반석—강하고 굳으며 견고한 바위—을 설명하는 것과 흡사하다.

베드로는 어부 출신이었기 때문에 주님은 그가 성장하도록 용기를 주시기 위해 배, 그물, 폭풍 같은 그의 경험들을 사용하셨다. 첫 번째 교육은 갈릴릴 호수가 잔잔했던 맑은 날에 이루어졌다(눅 5:1-11). 우선 예수님은 베드로에게 배를 육지에서 조금 떼기를 요청하시고 바닷가에 서 있는 사람들을 가르치시기 위해 그 배를 "강단"으로 사용하셨다. 설교가 다 끝나자 예수님은 베드로에게 깊은 곳으로 가라고 명령하셨다. 깊은 곳에서 베드로는 그물이 찢어질 만큼 많은 고기를 잡았고, 결국 동역자들에게 도움을 청하지 않으면 안 되었다. 만약 베드로에게 "오늘 배운 내용이 무엇이냐?"라고 질문한다면, 그는 다음과 같이 대답할 것이다: "바다가 잔잔한 맑은 날에 예수님은 나를 지키신다는 믿음을 얻게 되었습니다."

두 번째 교육은 한밤중에 폭풍이 밀려오고 예수님은 배에서 주무시던 날에 이루어졌다(마 8:23-27). 두려움에 잠긴 제자들은 소망이 없다고 판단하고 예수님을 깨우며 소리쳤다. "주여, 구원하소서. 우리가 죽겠나이다"(마 8:25). 예수님이 자리에서 일어나 바람과 바다를 꾸짖으시자 바다는 아주 잔잔하게 되었다. 여기서 베드로가 배운 것은 무엇일까? 예수님이 주무신다 할지라도 밤중에 그리고 폭풍 속에서도 주님을 의뢰할 수 있다는 것을 베드로는 터득했다.

세 번째 교육은 더욱 위대한데, 베드로는 밤중에 폭풍이 왔을지라도, 게다가 예수님이 배에 계시지 않더라도 주님을 의뢰할 수 있음을 깨달았기 때문이다! 사실 베드로는 배가 없을지라도 주님을 의지할 수 있다는 것을 배웠다. 그래서 그는 배에서 내려 물 위를 걸었던 것이다! 주님이 베드로에게 하신 말씀은 "오라!"는 것이 전부였고, 베드로는 이 단한 마디의 강력한 말씀을 의지하여 불가능한 일을 해낼 수 있었다(마 14:28-29).

바로 그 때, 베드로는 가라앉기 시작했다. 그러나 이 사실을 알고 베드로는 예수님을 향하여 도움을 청하며 소리를 질렀다. 이것은 그가 소유하고 있었던 믿음이었다(마 14:30). 다른 제자들은 가라앉지 않았다. 그것은 베드로보다 믿음이 좋았기 때문이 아니라 여전히 배 안에 있었기 때문이다. 베드로를 책망하기 전에, 우리는 우리 자신을 돌아보고 솔직하게 우리 자신의 믿음과 용기를 점검해 보아야 한다. 주님께 가기 위해 배에서 내린 것은 예수님을 향한 베드로의 사랑이었다. 이미 익숙해 있던 바다에 빠져들 때 그를 구한 것은 예수님을 믿는 베드로의 믿음이었다. 베드로에게는 분명히 다른 점이 있었다. 그리고 바로 이것이 예수님을 따르는 자들에게 있어야 할 점이다.

베드로는 왜 가라앉았을까? 그것은 파도를 보았고, 바람을 느꼈으며, 그의 믿음이 흔들렸기 때문이다. 베드로는 주변 환경으로 인하여 예수님을 바라보지 못하고 곁길로 빠졌다. 이런 일들은 우리도 한두 번씩은 겪는 일이다. 믿음으로 예수님을 바라보지 않는다면, 우리 역시 바다 위를 제대로 걸을 수도 없고 우리 앞에 당한 경주를 경주하지 못할 것이다. 말씀 안에서 주님을 바라보고 그의 약속하심을 증거하는 것을 중단할 때, 우리는 고통스러운 환경에 빠지게 된다. 우리 주님이 "오라!"고 하신 단 한 마디의 말씀은 베드로를 붙잡아 주기에 충분했고 기적의 현장으로 인도하는 말씀이었다.

누가복음 5장의 많은 고기를 잡는 사건에서, 베드로는 마음이 변하여 자신을 돌아보기 시작했다: "주여, 나를 떠나소서. 나는 죄인이로소이다!"(눅 5:8). 예수님이 그 기도를 들으셨다고 생각하는가? 베드로와 다른 세 명의 동업자들에게 어떤 일이 일어났는가? 우리의 마음을 점검하여 보고 솔직하게 죄를 고백하는 것은 결코 잘못된 행동이 아니다. 그러나 그런 일들이 예수님을 믿음으로 바라보지 아니하고 이루어진다면 그것은 잘못이다. 예수님에 대한 믿음 없이 자기를 돌아보는 것은 낙심하는 마음만 가져다 주지만, 예수님과 함께라면 우리를 정결케 하고 새로운 출발을 가능하게 할 것이다.

베드로의 마음이 바뀐 때가 세 번 있었다. 베드로의 제자 직분을 회복시켜 주시며, 예수님은 "너는 나를 따르라"고 말씀하셨다(요 21:15-23). 베드로는 그리스도를 따르기 시작했다. 그런데 뒤따르고 있는 발자국 소리가 들려 돌아보니 요한도 역시 좇아오고 있었다. 베드로는 예수님께 "주여, 이 사람은 어떻게 되겠삽나이까?" 하고 물었다. *베드로는 그리스도에게서 눈을 돌려 다른 사람들을 보기 시작한 것이다.* 이 일에 대하여 예수님은 베드로를 꾸짖으신 다음 그의 부르심을 되풀이하셨다: "너는 나를 따르라!"(요 21:22).

우리가 믿음으로 예수님을 바라본다면 주님이 명령하신 것은 무엇이든 할 수 있다. 그러나 우리가 우리 자신이나 환경 또는 다른 사람들을 보기 시작한다면, 우리는 비틀거리고 넘어지고 가라앉을 수밖에 없다. 승리자가 될 수 있는 유일한 방법은 주님 안에 있는 믿음을 가지고 살아가는 것이다(요일 5:4). 베드로는 예수님과 함께 다시 배로 돌아갔기에 승리자가 될 수 있었다.

주님은 우리를 지켜보신다

배 안에 있던 다른 제자들은 이미 세 번의 기적, 즉 물 위를 걸으시는 예수님, 물 위를 걷는 베드로, 물에 빠졌으나 다시 구원받는 베드로를 지켜보고 있었다. 그런데 예수님과 베드로가 다시 배에 올랐을 때, 두 번의 기적이 연이어 일어났다. 폭풍이 멈추었고 배는 곧바로 목적했던 건너편 해변에 도착했다(막 6:51; 요 6:21). 사람들이 예수님 앞에 무릎을 꿇고 주님을 경배하며 하나님의 아들이라 부른 것은 두말 할 필요가 없다. 예수님이 폭풍을 멈추게 하셨을 때, 마태복음 8장 23절부터 27절의 기록에 보면, 사람들은 예수님을 향해 "이 어떠한 사람이기에 바람과 바다도 순종하는고?"(마 8:27) 하는 의문을 제기했었다. 그러나 이제 그들의 의문은 찬양으로 바뀌어졌다: "진실로 하나님의 아들이로소이다"(마 14:33).

예수님은 "믿음의 주요 또 온전케 하시는 이"(히 12:2)시다. 이것은 주님이 무엇이든지 시작하시면 반드시 이루신다는 말씀이다. 아브라함, 이삭, 야곱은 온전한 사람들이 아니었다. 그러나 주님이 그들에게 약속을 주셨고, 또한 그들은 믿음으로 살았기 때문에 주님이 그 약속대로 이루어 주셨다. 아브라함은 이삭의 아버지가 되었고, 이삭은 야곱과 에서의 아버지가 되었다. 야곱이 집을 떠날 때 하나님이 그에게 약속하시기를 "내가 네게 허락한 것을 다 이루기까지 너를 떠나지 아니하리라"(창 28:15)고 하셨다. 그리고 하나님은 그 약속을 지키셨다.

믿음으로 사는 삶이 반드시 쉬운 것만은 아니다. 그러나 불신과 의심하는 사람은 더욱 힘든 삶을 살아간다. "여호와께서 내게 관계된 것을 완전케 하실지라"(시 138:8)고 다윗은 기록했다. 그리고 바울은 "너희 속에 착한 일을 시작하신 이가 그리스도 예수의 날까지 이루실 줄을 우리가 확신하노라"(빌 1:6)고 말했다.

하나님이 우리를 지켜보고 계신다!

영국의 설교자이며 작곡가인 존 뉴톤(John Newton)은 이 사실을 정확히 묘사했다:

불신이여! 떠나가라;
내 주께서 가까이 계시도다.
회복의 순간이 임하였도다.
기도함으로 싸울 것이라,
주께서 이루어 주시리로다.
주께서 배 위에 계시기에
폭풍 속에서도 나는 미소지으리라.

5
하나님 나라와 그 영광

마태복음 16:21-17:23; 누가복음 9:27-45

이 말씀을 하신 후 팔 일쯤 되어, 예수께서 베드로와 요한과 야고보를 데리시고 기도하시러 산에 올라가사 기도하실 때에, 용모가 변화되고 그 옷이 희어져 광채가 나더라. 문득 두 사람이 예수와 함께 말하니, 이는 모세와 엘리야라. 영광 중에 나타나서 장차 예수께서 예루살렘에서 별세하실 것을 말씀할쌔, 베드로와 및 함께 있는 자들이 곤하여 졸다가 아주 깨어 예수의 영광과 및 함께 선 두 사람을 보더니, 두 사람이 떠날 때에 베드로가 예수께 여짜오되 주여, 우리가 여기 있는 것이 좋사오니, 우리가 초막 셋을 짓되 하나는 주를 위하여, 하나는 모세를 위하여, 하나는 엘리야를 위하여 하사이다 하되, 자기의 하는 말을 자기도 알지 못하더라. 이 말 할 즈음에 구름이 와서 저희를 덮는지라. 구름 속으로 들어갈 때에 저희가 무서워하더니, 구름 속에서 소리가 나서 가로되, 이는 나의 아들 곧 택함을 받은 자니, 너희는 저의 말을 들으라 하고, 소리가 그치매 오직 예수만 보이시더라. 제자들이 잠잠하여 그 본 것을 무엇이든지 그 때에는 아무에게도 이르지 아니하니라.   (눅 9:28-36)

예수님이 예루살렘에 올라가 고난을 받고 처형당할 것을 제자들에게 처음 이야기했을 때, 베드로는 즉각적으로 그 계획을 반발하고 나섰다. 그가 보인 최초의 반응은 "주여, 그리 마옵소서!"라는 말이었다. "이 일이 결코 주에게 미치지 아니하리이다"(마 16:22). 이 대목에서 다른 제자들이 아무 말도 하지 않은 것이 관심을 끌지만, 아마 다른 제자들도 생각은 베드로와 같았을 것이다. 제자들의 관심은 이 땅 위에 유대 왕국과 다윗의 왕권을 회복하는 것이 전부였었다. 베드로가 믿음 없는 세계

를 생각했고 원수처럼 행동했기 때문에, 예수님은 사람들이 보는 앞에
서 하나님의 뜻에 거역하는 베드로를 책망하셨다. 곧이어 예수님은 제
자도와 십자가를 지는 것에 대하여 짤막한 설교를 하셨고 다음과 같은
말씀을 덧붙이셨다: "진실로 너희에게 이르노니, 여기 섰는 사람 중에
죽기 전에 인자가 그 왕권을 가지고 오는 것을 볼 자들도 있느니라"(마
16:28).

약 일주일이 지난 후, 베드로, 야고보, 요한은 예수님과 함께 산에 올
라 주님의 영광을 보게 되었다. 그로부터 일 년이 지난 후에 베드로는
그 때의 경험을 다음과 같이 기록했다: "우리는 그의 크신 위엄을 친히
본 자라....이 소리는 우리가 저와 함께 거룩한 산에 있을 때에 하늘로서
나옴을 들은 것이라"(벧후 1:16, 18). 베드로와 그의 친구들이 산 위에
서 보고 들은 것은 오늘날 우리가 우리 자신의 변화를 이해하고 경험하는
데 도움을 주는 기본적인 진리라 할 수 있다.

예수 그리스도는 하나님의 아들이시다

제자들은 하나님의 영광을 드러내는 경이적인 일을 행하시는 예수님
을 지켜보고 있었다(요 2:11). 그러나 이것은 그의 삶을 통하여 찬란하
게 빛나는 영광을 실제적으로 지켜보는 첫 번째 경험으로 이런 일들은
앞으로도 계속될 것이었다. 주님은 육신 가운데 자신의 영광을 드러내는
일이 없으셨다. 그러나 이제는 그의 용모와 옷에 광채가 났고 구름이 내
려와 그 주변을 뒤덮었다. 베드로는 전에 "주는 그리스도시요 살아 계신
하나님의 아들이시니이다"(마 16:16)라고 고백한 적이 있었다. 이제 그
증거가 주님의 영광의 현현을 통하여 확인되는 순간이 찾아왔다. 먼저
증거하고 그리고 눈으로 확인하는 것이 성경에 기록된 일반적인 순서이
다. "예수께서 가라사대 내 말이 네가 믿으면 하나님의 영광을 보리라 하

지 아니하였느냐"(요 11:40).

사도 요한은 "우리가 그 영광을 보니 아버지의 독생자의 영광이요 은혜와 진리가 충만하더라"(요 1:14)고 기록했다. 우리에게 그와 같은 특권이 주어지지 않지만 언젠가는 주님을 볼 것이며 그의 영광 가운데 주님과 같이 될 날이 오게 될 것이다(요일 3:1-3). "우리의 낮은 몸을 자기 영광의 몸의 형체와 같이 변케 하시리라"(빌 3:21)는 주님의 말씀이 이루어질 것이다.

산 위에는 모세와 엘리야가 예수님과 함께 있었다. 모세는 하나님의 영광이 하늘로부터 내려와 성막 가운데 충만한 것을 본 장본인이었다(출 40:34-35). 이스라엘 백성이 광야를 여행할 때 구름 기둥이 백성들을 인도했고, 백성들이 진을 칠 때 여호와의 구름이 성막 위에 머물렀다. 모세는 시내산에서 율법을 받을 때 하나님의 영광을 목격했고, 최소한 한 번 이상 이스라엘의 진중에 하나님의 영광이 나타나 하나님을 거역한 백성들을 심판하시는 것을 목격했다.

하나님의 영광을 보는 것은 중요한 일이다. 하나님의 영광이 나타나는 것은 사람들의 능력을 초월하는 경이로운 사건이다. 사람들이 누릴 수 있는 영광은 마치 들의 꽃과 같다. 오늘 피었다가도 내일이면 사라질 뿐이다(사 40:6-7). 명예라는 영광은 추문에 의해 꺾이게 마련이고, 부(富)를 통해 얻은 영광은 주식 시장의 변화에 따라 몰락하고 만다. 사람이 누리는 모든 영예는 죽음과 함께 사라져 버린다. 그러나 주님의 영광은 영원하다.

인위적으로 조작된 형상과 날조된 명성 그리고 싸구려 장식 등이 오직 하나님만이 주실 수 있는 영광을 가로채고 있는 요즈음, 우리는 예수 그리스도의 영광을 깊이 묵상하고 그 실재를 경험할 수 있어야 한다. 주님이 태어나셨을 때, 아기 예수 탄생을 알리는 천사와 더불어 하나님의 영광이 완벽하게 나타났으며(눅 2:8-14), 예수님은 일생 동안 하나님의 뜻을 온전히 순종하심으로 하나님을 영화롭게 했다(요 8:29). 로마 군대의 십자가에서 범죄자로서 부끄러운 죽음을 맞이하셨을 때에도 예수님은 하나님께 영광을 돌리셨다. 예수님은 하나님의 영광을 표현하는 방법으로 "인자의 영광을 얻을 때가 왔도다"(요 12:23)라는 말씀을 사용하셨다. 우리는 *십자가에 달리셨다*는 표현을 쓰지만 예수님은 십자가 너머에 있는 "그 앞에 있는 즐거움"(히 12:2)을 보셨다. 예수님 자신 또한 그의 행하심과 모든 말씀은 한결같이 하나님의 영광을 나타내는 것이었다. "이는 하나님의 영광의 광채시요 그 본체의 형상이시라"(히 1:3).

한편 성경은 여러 곳에서 예수님을 하나님의 아들로 증거하고 있다. 하늘로부터 하나님 아버지께서 말씀하시기를 "이는 내 사랑하는 아들이요 내 기뻐하는 자"(마 17:5, 벧후 1:17 참조)라고 하셨다. 또한 아버지 하나님은 예수님이 세례 받으실 때도 이와 비슷한 말씀을 하셨었다(마 3:17). 사단은 광야에서 예수님을 시험할 때 이 사실을 언급했다: "네가 만일 하나님의 아들이어든 명하여 이 돌들이 떡덩이가 되게 하라"(마 4:3). 아버지는 아들을 향한 사랑을 선포하셨다. *그러나 아들은 여전히 굶주리고 있다.* 또한 아버지는 아들을 향한 사랑을 선포하셨다. *그러나 아들은 십자가에 달려 죽게 될 것이다.* 예수님은 본래 마르다와 그 동생과 나사로를 사랑하셨다(요 11:5). *그러나 예수님은 베다니에 가기를 지체하셨고, 결국 나사로는 죽게 되었다!* 우리를 향하신 하나님의 사랑은 우리가 언제나 안락한 환경을 즐기며 고통과 눈물을 경험하지 않을 것이라고 보장하는 것이 아니다. 그러나 우리가 주변에서 무엇을 보든지 혹은 우리 마음 속에 무엇을 느끼든지 하나님은 우리를 사랑하시며 또한 하나님의 사랑은 결코 변치 않을 것이다.

하나님의 나라가 임할 것이다

충직한 유대인이었던 베드로는 이스라엘의 영광스러운 왕국의 미래에 대하여 구약성경의 예언을 믿고 있던 사람이었다. 그래서 베드로는 십자가를 향해 가시고자 하는 예수님께 반기를 들었다. 베드로가 고백한 대로 예수님이 진짜 메시야라면 원수들을 물리치셔야지 결코 패배해서는 안 되었다. 베드로는 주님이 실추된 왕권과 다윗의 왕위를 회복하고, 구약성경의 선지자들과 시편 기자들이 말씀한 그대로 이스라엘 왕국의 평화와 번영, 그리고 영적인 축복을 선포하실 것이라고 믿고 있었다.

예수님은 하나님 나라에 대한 예언이 실현될 것이라는 사실을 부인하지 않으셨다. 사실 주님은 장차 왕국이 실현될 것과 그 영광이 나타날 것을 분명히 강조하셨다. 그는 베드로, 야고보, 요한에게 "여기 섰는 사람 중에 죽기 전에 인자가 그 왕권을 가지고 오는 것을 볼 자들도 있느니라"(마 16:28)는 약속까지 하셨다. 그리고 주님은 그 약속을 지키셨다. 모세와 엘리야는 율법과 예언은 물론이거니와 구약성경에 등장하는 모든 성인들을 대표하는 인물들이다. 한편 베드로, 야고보, 요한은 신약의 위인들을 대표한다. 이들은 모두 하나님의 영광을 나누어 가진 이들이다. 베드로와 그의 동료들은 이 약속된 나라가 왕의 고난받으심과 죽으심을 통하여 이루어진다는 사실을 알고 있어야 했다.

베드로가 두 번째 편지를 기록한 이유 중의 하나는 "주의 강림하신다는 약속이 어디 있느뇨?"(벧후 3:4)라는 질문을 제기하며 그리스도의 왕국의 도래를 의심하고 부인하는 거짓 교사들을 반박하기 위함이었다. 이들 눈먼 지도자들은 "나라이 임하옵소서"라고 간구하는 하나님의 백성들의 기도는 응답되지 않는 무의미한 것이라고 가르쳤다. 그러나 예수님은 다시 오실 것이며 그의 의로운 나라는 이 땅위에 세워질 것이다! "하늘에 큰 음성들이 나서 가로되, 세상 나라가 우리 주와 그 그리스도의 나라가 되어 그가 세세토록 왕 노릇 하시리로다"(계 11:15).

예수 그리스도가 다시 오셔서 하나님의 나라를 세우실 날을 간절히 소원한다면 오늘 우리의 인생은 어떻게 달라질 수 있겠는가? 어느 날 예수님은 예수님을 바라고 섬기며 주님의 다시 오심을 준비하는 중요성에 대하여 비유를 들어 말씀하셨다. 그러자 베드로가 묻기를 "주께서 이 비유를 우리에게 하심이니이까? 모든 사람에게 하심이니이까?"(눅 12:41)라고 했다. 예수님은 진실함에 대한 다른 비유를 들어 말씀하시며, 이 두 가지 비유는 모든 사람을 두고 하는 말이라고 응답하셨다. 장차 이루어지는 하나님의 나라는 한낱 사색을 위한 주제가 아니다. 그것은 신앙의 출발점이며 동시에 섬김의 실제적인 동기가 된다.

하나님의 말씀은 믿을 수 있다

변화산에서 베드로가 배운 교훈들 가운데 하나는 하나님의 예언의 말씀의 진실성이었다. 그는 기록하기를 "또 우리에게 더 확실한 예언이 있어 어두운 데 비취는 등불과 같으니, 날이 새어 샛별이 너희 마음에 떠오르기까지 너희가 이것을 주의하는 것이 가하니라"(벧후 1:19)고 했다. 영적인 경험은 있다가도 없어지는 것이며, 따라서 그 기억들은 사라져갈 수밖에 없다. 그러나 주님의 말씀은 영원히 변치 않는다. 베드로와 야고보와 요한이 산에서 보고 들은 것은 예언서의 말씀들을 확실하게 했다. 베드로는 예언의 말씀을 "어두운 데 비취는 등불"로 비유했다. 어둠이라고 번역된 말은 밀폐된 지하실이나 음침한 웅덩이같이 어두운 것을 의미한다. 이 말은 이 악한 세상의 모습을 묘사하는 훌륭한 표현이다. 구원받지 못한 사람들에게 있어서 세상의 구조는 정원일 수 있다. 그러나 하나님의 선한 말씀과 내세의 능력을 맛본 자들(히 6:5)에게 이 세상은 어둡고 음침한 웅덩이에 불과하다.

예수님이 세상에 계실 때, 세상은 주님을 거역하며 "가이사 외에는 우리에게 왕이 없나이다"(요 19:15)라고 소리를 질렀다. 예수님은 가시 면류관을 쓰셨고 왕으로서의 권위는 모독을 당했다. 오늘날 주님은 하늘에서 하나님으로부터 기름부음을 받은 왕 되신 제사장으로 세상을 다스리신다. 그리고 때가 되면 세상을 심판하시고 하나님의 나라를 세우시기 위해 다시 오실 것이다. 우리는 그 때와 시기를 알지 못한다. 따라서 우리는 예언의 말씀에 주의를 집중해야 하며, 그가 오실 때 부끄럽지 않게 서기 위하여 맡은 일에 충실해야 한다.

고난은 우리를 영광 가운데로 인도한다

베드로가 배운 가장 중요한 교훈은 그 고난이 영광 가운데로 인도한다는 것이었을 것이다. 베드로는 이 사실에 대해서 깊은 감명을 받았다. 그가 자신의 첫 번째 편지에서 이 사실을 비중 있게 다룬 것도 이런 이유에서였다. 처음에 베드로는 십자가에서 죽으시는 예수님을 받아들이지 못했다. 고난과 영광 사이에 아무런 관계성을 보지 못했기 때문이었다. 하나님의 말씀을 기록한 구약의 예언자들마저도 "그 받으실 고난과 후에 얻으실 영광"(벧전 1:10-12)을 제대로 이해하지 못했었다. 어떤 예언서는 고난받으시는 메시야를 그리고 있고, 다른 곳에서는 영광받으시는 왕을 소개하고 있다. 메시야가 둘이란 말인가? 한 분은 고난을 받으시고 또 다른 한 분은 통치하시는 메시야인가? 낙심 가운데 엠마오로 가는 두 제자처럼, 예수님의 열두 제자들은 선지자들이 예언한 모든 말씀을 이해하고 주의 영광에 들어가기 위해 메시야는 부끄러움과 죽음을 당하셔야 했다는 것을 제대로 이해하지 못했다(눅 24:25-27).

두 차례의 편지에서 베드로는 고난이란 말을 최소한 열여덟 번, 그리고 *영광*은 열여섯 번 언급했다. 바로 여기에 그가 전하고자 하는 중심이 있었다. 무엇보다도 우리 주님이 영광 가운데 들어가시기 위해 고난을 받으시는 것이 당연했다면, 주님의 제자들이 더 쉬운 길을 택하려 했던 것은 무슨 이유였을까? 바울과 바나바는 믿음이 약한 자들을 가르치면서, "우리가 하나님의 나라에 들어가려면 많은 환난을 겪어야 할 것"(행 14:22)이라고 권면했다. 예수님도 자신을 따르는 자들에게 말씀하시기를, "사람이 나를 섬기려면 나를 따르라. 나 있는 곳에 나를 섬기는 자도 거기 있으리니"(요 12:26)라고 하셨다. 베드로는 다음과 같이 말했다:

> 사랑하는 자들아, 너희를 시련하려고 오는 불 시험을 이상한 일 당하는 것 같이 이상히 여기지 말고, 오직 너희가 그리스도의 고난에 참여하는 것으로 즐거워하라. 이는 그의 영광을 나타내실 때에 너희로 즐거워하고 기뻐하게 하려 함이라. 너희가 그리스도의 이름으로 욕을 받으면 복 있는 자로다. 영광의 영 곧 하나님의 영이 너희 위에 계심이라.
>
> (벧전 4:12-14)

그러나 비록 그리스도인의 삶이라 할지라도 고난이 저절로 영광이 되는 것은 아니다. 우리가 하나님의 약속을 증거하지 않고 믿음으로 살지도 않으며, 또한 성령을 의지하지 않는다면, 우리가 받는 고난은 좋아지기는커녕 더욱 비참해질 수밖에 없다. 그리스도를 위한 고난이 찾아올 때, 우리는 그것을 받아들이고 즐거워하며 무슨 일이든 주님께 영광을 돌리도록 은혜를 베푸시는 성령을 의지하여야 한다. 베드로는 "그러므로 하나님의 능하신 손 아래서 겸손하라. 때가 되면 너희를 높이시리라. 너희 염려를 다 주께 맡겨 버리라. 이는 저가 너희를 권고하심이니라"(벧전 5:6-7)고 충고했다.

하늘 나라는 영광과 기쁨이 넘치는 곳이며, 지옥은 슬픔과 고통의 장소이다. 우리는 고난과 영광 그리고 슬픔과 기쁨이 뒤섞인 세상을 살고 있다. 우리가 믿고 순종한다면 그리스도를 위하여 당하는 고난은 우리를 영광 가운데로 인도한다. 과거에 그리스도를 위하여 기쁨으로 고난을 당하던 사람들은 하나님의 이름에 위대한 영광이 되었고 주님의 교회에 커다란 축복을 가져다 주었다. 사단이 예수님께 제안하기를 사단에게 경배하면 이 세상 나라의 모든 것들을 주겠다고 했을 때(마 4:8-10), 사단이 약속했던 것은 고난이 없는 영광이었다. 그러나 예수님은 사단이 제안하는 것이 언제나 영광이 없는 고난일 뿐이라는 사실을 이미 알고 계셨다.

신실한 그리스도인들에게는 고난을 피할 길이 없다. 그러나 그 고난이 우리를 대적하는 것이 아니라, 우리를 위한다는 것으로 받아들일 길은 있다. 그렇다면 그 방법은 무엇인가? 그것은 우리 자신을 하나님께 드리고 하나님의 사랑과 뜻을 의뢰하는 것이다. 바울은 로마에 있는 교회에 편지하기를 "생각건대 현재의 고난은 장차 우리에게 나타날 영광과 족히 비교할 수 없도다"(롬 8:18)라고 했다. 또한 고린도인들에게 보낸 편지에서는 "그러므로 우리가 낙심하지 아니하노니 겉사람은 후패하나 우리의 속은 날로 새롭도다. 우리의 잠시 받는 환난의 경한 것이 지극히 크고 영원한 영광의 중한 것을 우리에게 이루게 함이니"(고후 4:16-17)라고 말했다.

우리는 지금 하나님의 영광을 체험할 수 있다

마태복음 17장 2절과 마가복음 9장 2절에 사용된 *변형*이라는 단어는 안에서 시작되어 외형이 변화되는 것을 의미하는 말이다. 이 헬라어 단어에서 영어 *메타모포시스*(metamorphosis)가 파생되었는데, 이것은 살아 있는 생물이 미성숙의 단계에서 성숙의 단계로 그 본질이 변화되는 과정을 말한다. 올챙이가 변해서 개구리가 되고, 모충이 변해서 나비 혹은 나방이 된다. 이런 것들은 무엇인가가 첨가되어 나타나는 표면상의 변화가 아니라 역동적인 변환으로, 안에서부터 시작되는 근본적인 변화이다.

"내게 주신 영광을 내가 저희에게 주었사오니"(요 17:22)라고 하신 예수님의 말씀대로 예수님을 구주로 알았던 사람들은 이미 하나님의 영광을 소유하고 있는 자들이다. 주님은 우리가 하늘 나라에 이를 때 하나님의 영광을 볼 것이라고 약속하셨다(요 17:24). *그러나 우리는 오늘 하나님의 영광을 체험할 수 있으며, 따라서 우리는 개인적인 삶이 "변화"되어 다른 사람들에게 축복의 근원이 되는 삶을 살아가야 한다.*

"변형되다"라는 단어를 그리스도인들에게 적용할 수 있는 두 개의 중요한 성경 말씀이 있다:

> 그러므로 형제들아, 내가 하나님의 모든 자비하심으로 너희를 권하노니, 너희 몸을 하나님이 기뻐하시는 거룩한 산 제사로 드리라. 이는 너희의 드릴 영적 예배니라. 너희는 이 세대를 본받지 말고, 오직 마음을 새롭게 함으로 변화를 받아, 하나님의 선하시고 기뻐하시고 온전하신 뜻이 무엇인지 분별하도록 하라.   (롬 12:1-2)

> 우리가 다 수건을 벗은 얼굴로 거울을 보는 것 같이 주의 영광을 보매, 저와 같은 형상으로 화하여 영광으로 영광에 이르니, 곧 주의 영으로 말미암음이니라.   (고후 3:18)

첫 번째 말씀은 우리를 제단에 드려진 희생 제물로 비교하고 있다. 그러나 우리는 살아 있는 제물이지 죽은 것이 아니다. 또한 우리는 전적으로 주님께 속해 있다. 우리는 예수 그리스도를 따르며 세상의 추한 것들을 추구하지 않는다. 매일 우리는 우리의 몸과 마음과 뜻을 주님께 드리며, 하나님의 말씀을 통하여 우리의 마음을 새롭게 해 주실 것을 하나님께 간구한다. 그리하여 우리의 삶은 변화될 것이고 하나님의 영광을 밝히 드러낼 것이다. 우리는 하루도 빠짐없이 우리의 몸과 마음과 뜻을 주님께 복종시키며 세상 풍조를 따르지 않겠노라고 다짐해야 한다.

삶이 변화되기 위해서는 마음이 새로워져야 한다. 우리가 하나님의 말씀 앞에 우리 자신을 내어놓으면 성령님은 우리의 마음을 새롭게 하신다. 바로 이 점에서 고린도후서 3장 18절에서 하신 말씀이 이루어진다. 하나님의 말씀이 거울로 비유되어 있다. 성도는 말씀의 거울을 들여다보면서 영광 가운데 거하시는 예수 그리스도를 보게 된다. 우리가 그리스도와 말씀 안에 있는 진리를 묵상하면 하나님의 영이 우리를 변화, 곧 변형시키시고 나아가 우리는 우리 주 예수 그리스도를 더욱 닮아가게 된다. 이것은 일생 동안 계속되는 과정이다. 따라서 거룩한 삶을 살기 위하여 우리는 전 생애에 걸쳐 시간을 투자하고 훈련받는 것을 계속해야 한다. 베드로는 다음과 같이 설명했다:

> 그러므로 너희 마음의 허리를 동이고 근신하여, 예수 그리스도의 나타나실 때에 너희에게 가져올 은혜를 온전히 바랄지어다. 너희가 순종하는 자식처럼 이전 알지 못할 때에 좇던 너희 사욕을 본 삼지 말고, 오직 너희를 부르신 거룩한 자처럼 너희도 모든 행실에 거룩한 자가 되라. 기록하였으되 내가 거룩하니 너희도 거룩할지어다 하셨느니라.
>
> (벧전 1:13-16)

베드로는 이렇게 변화하는 과정을 "진리를 순종함으로 너희 영혼을 깨끗하게"(벧전 1:22) 하는 것이라고 지칭했다.

고린도전서 3장 18절의 배경을 이루는 말씀은 출애굽기 34장이다. 시내산에서 내려올 때만 해도 모세는 자신의 얼굴이 하나님의 영광으로 광채가 나고 있는 것을 모르고 있었다(출 34:29-35). 그러나 그 영광은 얼마가지 않아 사라져버릴 것이기에 모세는 그 영광이 사라진 것을 사람들이 보지 못하도록 사람들 앞에서 수건으로 얼굴을 가렸다. 그러나 하나님을 만나기 위해 회막으로 돌아갈 때 그는 수건을 벗었고 하나님의 영광은 재현되었다. 바울은 이 사건이 오늘날 그리스도인들이 경험하는 것과는 대조가 된다고 생각했다. 우리는 감출 것도 없고 수건도 필요 없다. 우리가 드러내는 영광은 안으로부터 비춰지는 것이고, 또한 그것은 사라지는 것이 아니라 오히려 더욱 강해지는 것이다. 우리가 하나님 앞에서 더 많은 시간을 보내고 말씀 가운데 그리스도에게 집중하면 할수록, 우리는 예수 그리스도를 더 많이 닮아가게 되고, 일상적인 생활 가운데서 하나님의 영광을 더욱 드러내게 된다. 우리가 이 영광을 보는 것이 아니다. 그것은 다른 사람들에게 보여지는 것이고 그로 인해 다른 사람들에게 도움이 되어야 한다.

조나단 에드워드(Jonathan Edwards)는 "은혜는 영광의 시작이며 영광은 은혜의 완성"이라는 말을 했다. 또한 시편 기자는 "여호와께서 은혜와 영화를 주시며"(시 84:11)라는 말을 남겼다. 우리가 거룩해지기 위하여 노력할 때 하나님은 우리에게 은혜와 영광을 주실 것이다.

그리스도인의 죽음은 곧 자유함을 얻는 것이다

변화산에서 모세와 엘리야는 예수님과 더불어 "장차 예수께서 예루살렘에서 별세하실 것"(눅 9:31)에 관하여 이야기를 나누었다. *별세*라는 말은 헬라어 엑소도스(exodos)의 번역으로 이 말에서 영어 엑소더스(exodus)라는 단어가 만들어졌다. 베드로는 임박한 죽음에 관하여 말할 때 이 말을 사용했다: "내가 힘써 너희로 하여금 나의 떠난〔엑소도스〕후에라도 필요할 때는 이런 것을 생각나게 하려 하노라"(벧후 1:15).

모세는 애굽의 속박으로부터 이스라엘 백성을 구출해낸 사람이다. 엘리야는 우상숭배의 굴레로부터 민족을 구원했다(왕상 18). 그러나 예수님은 십자가에서의 희생의 죽으심을 통하여 죄로부터 온 세상을 구속하는 역사를 완성하셨다. "그가 우리를 흑암의 권세에서 건져내사 그의 사랑의 아들의 나라로 옮기셨으니, 그 아들 안에서 우리가 구속 곧 죄 사함을 얻었도다"(골 1:13-14). 우리는 예수 그리스도를 믿음으로 자유함을 얻게 된다.

베드로는 자신이 그리스도와 교회를 섬기다가 죽을 것이며, 또한 죽음을 통하여 하나님께 영광을 돌릴 것이라는 사실을 알고 있었다(요 21:18-19). 주님은 베드로가 십자가에 달려 죽을 것을 말씀하셨다. 전통적인 견해에 의하면 베드로는 주께서 죽으셨던 것과 똑같은 모습으로 죽을 수 없다고 하여 십자가에 거꾸로 달려 죽었다고 한다. 베드로가 성도들의 죽음을 엑소도스라는 단어로 표현한 것은 우리에게 많은 의미를 던져 준다.

예수님과는 다르게 베드로의 죽음은 어느 누구도 구속하는 죽음이 아니었다. 그러나 주님은 육체의 장막(벧후 1:13)으로부터 베드로를 이끌어 올리셨다. 베드로는 장막을 벗고 하나님께로 나아갔다. 이와 같은 생각을 바울도 고린도후서 5장 1절부터 10절에 기록했다. 지금 우리가 입고 있는 육신은 단지 일시적인 장막에 불과하다. 그것은 하나님의 영이 잠시 머무셨던 성막과 같은 것이다. 그러나 때가 되면 우리는 영광스러운 새 육신을 입게 된다. 우리가 우리의 육신과 세상으로부터 벗어날 때, "우리 주 곧 구주 예수 그리스도의 영원한 나라에 들어감을 넉넉히 너희에게 주시리라"(벧후 1:11)는 말씀이 이루어질 것이다. 이 모습은 올림픽 경기에서 승리한 자가 고향으로 돌아오는 영예스러운 장면을 연상케 한다.

죽음에 관하여 변형이라는 말이 우리에게 가르쳐 주는 것은 진실한 성도들의 죽음은 하나님의 뜻을 이루며 하나님의 영광을 드러내는 것이라는 사실이다. 예수님이 이미 죽음을 맞이하셨고 죽음이라고 하는 원수를 넉넉히 이기셨기 때문에, 우리는 최후의 원수와 맞선다 하더라도 겁낼 필요가 없다. 예수님은 "사망을 폐하시고 복음으로써 생명과 썩지 아니할 것"(딤후 1:10)을 드러내셨다. 사랑하는 자들이 우리 곁을 떠나갈 때 우리가 슬피 우는 것은 당연하다. 그러나 우리는 소망이 없기 때문에 우는 것이 아니다(살전 4:13-18). 성도들의 죽음은 구속함과 자유함을 받는 것이다.

이런 이야기를 하다 보면 전도자 무디(D. L. Moody)가 죽으면서 아들 윌(Will)에게 했던 말이 떠오른다. "땅은 꺼져가나 하늘이 내 앞에 열리고 있다. 그래, 이것은 꿈이 아니야! 아름다운 모습이야....이것이 죽음이라면 너무나 아름다운 모습이야. 그 곳에는 골짜기가 없어. 하나님이 나를 부르고 계셔. 나는 가야만 해...!"[1]

죽기 몇 년 전, 무디는 다음과 같은 말을 남겼다고 한다:

> 언젠가 여러분들은 무디가 죽었다는 기사를 읽게 되겠지만 그 말을 믿지 마십시오. 죽음의 순간에 나는 지금보다 더 생생하게 살아 있을 것입니다. 나는 더 높은 곳으로 올라갈 것입니다. 이 오래된 진흙 옷을 벗어던지고 영원한 집을 향해 갈 것입니다. 그 곳에서는 다시 죽는 일도 없고 죄로 더러워지지 않는 육신을 입게 될 것입니다. 그 육신은 영광스러운 주님의 육신과 같은 것입니다.[2]

엑소더스!

6
세금과 낚시

마태복음 17:24-27

가버나움에 이르니 반 세겔 받는 자들이 베드로에게 나아와 가로되 너의 선생이 반 세겔을 내지 아니하느냐? 가로되 내신다 하고 집에 들어가니, 예수께서 먼저 가라사대 시몬아, 네 생각은 어떠하뇨? 세상 임금들이 뉘게 관세와 정세를 받느냐? 자기 아들에게냐? 타인에게냐? 베드로가 가로되 타인에게니이다. 예수께서 가라사대 그러하면 아들들은 세를 면하리라. 그러나 우리가 저희로 오해케 하지 않기 위하여 네가 바다에 가서 낚시를 던져 먼저 오르는 고기를 가져 입을 열면 돈 한 세겔을 얻을 것이니, 가져다가 나와 너를 위하여 주라 하시니라.

믿음의 삶이란 놀라운 일과 새로운 도전으로 언제나 충만하기 때문에, 예수 그리스도를 따르면서 앞으로 어떤 일이 일어날지 우리로서는 예측할 수가 없다. 베드로와 야고보와 요한은 변화산에서 내려와 곧바로 예수님이 어린아이에게서 귀신을 쫓아내는 장면을 목격했다. 이 사건이 있은 후, 주님은 다시 한 번 십자가에 달리실 때가 가까이 오고 있음을 제자들에게 말씀하셨다. 그와 같은 말씀은 이해하기도 어렵고 받아들이기에도 쉽지 않았다. 예수님이 앞으로 되어질 무서운 일들을 말씀하시며 하나님 나라의 계시와 능력의 영광스러운 모습을 소개하고 계실 때, 베드로는 세금 내는 문제를 거론하는 세상 사람들을 데리고 들어왔다. 그러나 예수님은 어떤 일이 벌어지고 있는지 이미 알고 계셨고 또한 이 문제를 어떻게 다루어야 하는지에 대해서도 짐작하고 계셨다.

성전의 관리들은 모세가 성소를 건축할 때 제정했던 세금을 내지 않는다고 베드로를 다그쳤다(출 30:11-16). 20세 이상의 유대 남자는 누구나 반 세겔의 세금을 내도록 되어 있었고, 세금으로 거두어들인 은은 성소의 받침을 제작하는 데 사용되었다(출 38:25-27). 이 세금은 원래 인구 조사를 할 때 거두어들이도록 되어 있었으나 훗날 연례적인 행사로 발전되었다. 거두어들인 돈은 특별한 제사와 성소에서 매일같이 반복되는 제사장들의 업무를 지원하는 데 사용되었고, 나아가 처음에는 성소를, 나중에는 성전을 유지하는 데 사용되었다. 뿐만 아니라 이 세금은 하나님이 이스라엘 백성들을 애굽의 속박으로부터 구원하셨다는 사실을 기억나게 해 주는 것이었다.

반 세겔의 세금은 이틀 분의 노동자 품삯에 해당되는 것으로 유월절에 맞춰 징수되었다. 그러나 관리들이 베드로를 찾아왔을 때는 벌써 초막절이 눈앞에 있던 시기였다. 따라서 예수님과 베드로는 수개월이나 세금을 내지 않고 있었다는 말이 된다. 성전 세금에 얽힌 이야기는, 그리스도께서 변형되신 사건처럼 영광스럽지 않고 또한 귀신들린 어린 아이를 고쳐 주신 것처럼 공개적이고 극적인 것이 아님에도 불구하고, 예수 그리스도의 인격과 동정심을 보여 주는 독특한 사건임에 분명하다.

신성: 예수님은 하나님이시다

세리들에게 알겠다고 대답을 한 후 베드로가 집안으로 들어올 때까지, 그 사이에 주님은 세금을 내는 방법에 대해서 생각하셨던 것 같다. 주님은 베드로를 기다리셨고 베드로보다 먼저 입을 여셨다. 예수님은 밖에서 무슨 일이 있었는지 알고 계셨는데, 그것은 하는 말들을 엿들었기 때문이 아니라 예수님은 하나님의 아들이셨기 때문이다. 오천 명을 먹이셨을 때처럼 예수님은 "친히 어떻게 하실 것을 아시고"(요 6:6) 계셨다. 하나님은 앞으로 되어질 일들뿐만 아니라 발생할지도 모르는 긴박한 일들까지도 모두 헤아리고 계시며, 무엇을 하실지 이미 작정하고 계시며, 하나님이 결정하신 것은 언제나 정확하다. *섭리*란 "앞서서 보는 것"이라는 말이다. 따라서 하나님은 어떠한 상황에서도 결코 놀라지 않으신다. 하나님은 여호와 이레, 즉 "지켜보시며 준비하시는 주님"이시다(창 22:14). 성 어거스틴(Augustine)은 "과거의 일들은 하나님의 은혜이고, 현재의 일들은 주님의 사랑이며, 미래는 하나님의 섭리 가운데 있음을 믿으라"고 말했다. 우리는 하나님께 무엇을 해 달라고 요구하기 전에 하나님이 원하시는 것이 무엇인지 귀를 기울여야 한다. 그렇게 함으로 우리는 시간도 절약하고 문제를 해결 받을 수 있게 된다.

동전과 물고기에 얽힌 이 복잡한 기적을 연구하다 보면, 우리는 예수 그리스도의 신성을 인정할 수밖에 없음을 깨닫게 된다. 첫째, 누군가가 물고기가 지나다니는 갈릴리 호수에 동전 한 닢을 떨어뜨렸다. 어부라면 다 알고 있듯이 물고기들은 물 속에 떠다니는 밝은 물체를 좇아다닌다. 그런데 이 물고기는 정말로 성급한 놈이었다. 시간을 지체하다 보면 동전은 호수 바닥의 잔해 더미에 묻혀 찾을 수 없게 될 것이다. 또한 물고기는 동전을 입에 물고 삼켜서는 안 된다. 동전은 삼켜지지 않은 채로 물고기의 입에 물려 있어야 했고, 베드로의 낚시 바늘에 걸려들어야 했다. 베드로는 물고기가 보는 곳에 미끼가 달린 낚시 바늘을 던져야 했다. 그리고 물고기는 비록 동전을 입에 물고 있었지만 미끼를 좇아와야 했다. 또한 이 물고기는 다른 고기들이 오기 전에 베드로가 던진 미끼를 먼저 물어야 했다.

하나님의 섭리가 이루어지는 것은 우리가 설명할 수 없는 신비스러운 일이다. 그러나 그것은 또한 우리가 볼 수 있는 경이로운 것이다. 선지자 에스겔은 바퀴 안에 바퀴가 한데 어울려 움직이고 있는 하나님의 영광스러운 보좌를 보았다(겔 1:15-20). 이것은 하나님의 주권적인 의지가 세상 가운데 역사하고 있음을 강조하는 형상이었다. 우리가 보지도 못하고 이해하기도 어려운 방법으로 하나님이 목적하신 바를 성취하기 위해 하나님의 섭리의 바퀴는 쉬지 않고 돌면서 방향을 전환하고 있으며, 또한 서로 조화를 이루며 교차하고 있다.

이 주제에 대한 연구를 마치기 전에, 우리는 이 기적에서 베드로의 역할이 무엇인지 생각해 볼 필요가 있다. 세리들에게 예수님이 성전세를 낼 것이라고 대답한 것이 잘못이었는가? 어쩌면 베드로는 주님과 먼저 상의하고 그 후에 주님의 답변을 전하는 것이 순서였을 것이다. 내 생각이 틀릴 수도 있다. 그러나 내가 보기에 베드로의 답변과 행동은 지혜로웠던 것 같다. 왜냐하면 세리들은 예수님을 잡기 위해서 음모를 꾸미고 있을 가능성이 컸었기 때문이다. 세금은 이미 6개월이나 체납된 상태였지만 세리들은 고소할 조건을 얻기 위하여 예수님을 서둘러 찾지 않고 때를 기다리고 있었을 것이다. 헬라어 성경에 보면 세리들의 질문은 부정적인 대답을 예상하는 문장으로 구성되어 있다: "너의 선생은 성전세를 내지 않았어, 그렇지?" 로마인들에게 폭력적으로 항거했던 유대 열심당원들은 성전이 이교도의 손에 넘어갔고, 또한 로마 정부의 허락을 받아 운영하고 있다는 이유로 세금 납부를 거부하고 있었다. 아마 세리들은 예수님을 그와 같은 폭도로 몰아붙여 대제사장과 바리새인들에게 예수님을 공격할 빌미를 제공하고 싶었을 것이다.

한편 낚싯대를 던진 베드로의 행위는 나에게 그의 겸손함과 예수님께 대한 복종심이 점점 증가하고 있음을 시사한다. 베드로가 갈릴리 호수에 나타났을 때, 사람들은 잘 알려진 어부였던 그가 낚싯대를 던지는 것을 보며 웃었을 것이다. 이제 이 경험 많은 어부는 나사렛 사람을 따라 다니는 자가 되어 있었고, 또한 배와 그물은 사라지고 지금은 낚싯대 하나를 들고 나타난 것이다! 어부로서 배를 타고 그물을 던져 수많은 고기를 잡아 그것을 팔아서 돈을 벌어야 할 사람이, 마치 어린아이처럼, 물고기 한 마리를 낚기 위해 애를 쓰고 있는 중이었다. 바로 그 자리가 하나님의 말씀에 기록되어 수세기에 걸쳐 온 세상 사람들이 읽게 될 기적이 만들어지는 현장이라는 사실을 인식한 사람은 거의 없었다.

권세: 예수님은 왕이시다

이 기적은 마태복음에만 기록되어 있다. 그리고 마태의 주된 관심은 하나님의 나라였다. 마태가 기록한 복음서는 "아브라함과 다윗의 자손 예수 그리스도의 세계라"(마 1:1)는 말씀으로 시작된다. "다윗의 자손"이라는 제목에서 마태는 예수님이 왕가 출신이고 다윗 왕조의 후손임을 분명히 밝히고 있다. 하나님은 다윗에게 다윗의 왕국이 결코 끝나지 않으리라 약속하셨고(삼하 7:12-17), 이 약속은 예수 그리스도에게서 성취되었다(눅 1:30-33). 마태복음 전반에 걸쳐 마태는 주님의 왕권과 그 권세를 찬미했다. 예수님의 가르침은 권세 있는 자와 같았으나(마 7:29), 권세를 끌어들이기에 급급했던 서기관이나 바리새인들과는 차이가 있었다. 주님은 병자들을 치료하셨고(마 8:9), 죄를 용서하셨으며(마 9:6), 사단을 정복하는 권세를 가지고 계셨다(마 10:1). 마태는 자신의 복음서를 끝맺으면서 "하늘과 땅의 모든 권세를 내게 주셨으니"(마 28:18)라고 하신 예수님의 장엄한 말씀을 기록했다.

최초의 남자와 여자를 만드셨을 때, 하나님은 그들에게 바다의 고기와 공중의 새와 육축과 온 땅과 땅에 기는 모든 것을 다스리게 하셨다(창 1:26; 시 8:5-8 참조). 아담과 하와는, 마치 왕과 왕비처럼, 주님과 더불어 에덴 동산을 지키며 거기에 있는 모든 만물들을 다스렸다. 그러나 아담과 하와는 죄를 범했고 그로 인해 왕관과 홀을 잃고 만물을 다스리는 권세를 빼앗기고 말았다. "만물로 저(인간)에게 복종케 하셨은즉 복종치 않은 것이 하나도 없으나, 지금 우리가 만물이 아직 저에게 복종한 것을 보지 못하고, 오직 우리가...예수를 보니"(히 2:8-9)라는 말씀을 하신 이유가 이것이다. 아담은 통치권을 잃었으나 마지막 아담이신 예수님은 그것을 되찾으셨다.

예수님은 낚시 바늘로 한 마리의 특별한 물고기를 잡게 하신다. 뿐만 아니라 예수님은 그물을 사용하여 엄청난 양의 고기를 잡게 하심으로 물고기들을 다스리는 권세가 있음을 베드로에게 강조하셨다. 또한 베드로는 훗날 아무도 타 보지 않은 나귀 새끼를 타고 예루살렘에 들어가시는 예수님을 보면서, 예수님은 짐승들도 다스리는 분이심을 깨달았을 것이다(막 11:2-7). 예수님을 세 차례 부인한 후에, 베드로는 닭 우는 소리를 들으며, 예수님은 공중의 새들도 지배하시는 분이라는 사실을 뼈아프게 느꼈을 것이다(막 14:66-72). 그렇다. 예수님은 아담이 잃어버렸던 주권을 회복하셨다. 그리고 때가 되면 이것을 당신의 백성들과 나누어 가지실 것이다. 실제로 우리가 믿음으로 주님께 복종할 때, 오늘 우리는 예수 그리스도로 말미암아 "생명 안에서 왕 노릇"(롬 5:21) 할 수 있다.

겸손: 예수님은 종이시다

예수님은 하나님이시며 또한 왕이시지만 그에게는 성전세를 낼 만한 반 세겔의 돈이 없으셨다! "우리 주 예수 그리스도의 은혜를 너희가 알거니와 부요하신 자로서 너희를 위하여 가난하게 되심은 그의 가난함을 인하여 너희로 부요케 하려 하심이니라"(고후 8:9). 왕되신 하나님의 아들이기 때문에 세금을 낼 필요가 없었지만, 예수님은 베드로의 말에 따라 남들과 똑같이 세금을 내셨고 그렇게 하심으로 자신의 왕권을 입증하셨다.

워치만 니는 "멍청한 사람도 왕이 될 수 있다. 그러나 현명한 왕이라야 종이 될 수 있다"라는 말을 한 적이 있다. 예수님은 스스로 하늘의 보좌를 버리시고 종으로 이 땅에 오셨다(빌 2:1-11). 그는 십자가에 죽기까지 복종하셨는데, 하나님의 고난받는 종으로 세상 죄를 위하여 죽으셨다. "친히 나무에 달려 그 몸으로 우리 죄를 담당하셨으니, 이는 우리로 죄에 대하여 죽고 의에 대하여 살게 하려 하심이라"(벧전 2:24). 복음서의 기록을 읽을 때마다 우리는 예수 그리스도 안에 나타난 권세와 겸손함에 놀라게 된다. 섬기시는 모든 행동은 왕 같이 당당했지만 왕은 여전히 종으로 계셨다.

오늘날에는 세상의 위치나 권력, 부와 명예 등을 무의식적으로 크고 위대한 것으로 선호하는 사람들이 너무나 많다. 그들은 하나님의 나라에서 진짜 큰 것은 겸손과 희생 그리고 섬김이라는 사실을 깨닫지 못하고 있는 것이다. 예수님의 제자들 사이에 누가 큰 자인가 하는 논쟁이 붙었을 때, 예수님은 "나는 섬기는 자로 너희 중에 있노라"(눅 22:27)는 말씀으로 간단하게 답변하셨다. 개인적인 문제, 가정의 우환, 질고, 교회 안에 발생하는 갈등의 이면에는 하나님이 원하시는 방법을 찾는 종이 아니라 중요한 위치를 차지하여 자신의 주장만 고집하는 위험한 사람들이 있는 경우가 많다.

예수님에게는 성전세를 낼 의무가 없었다. 무엇보다도 주님은 구속자이셨고, 따라서 성전을 회복하기 위한 돈을 내실 필요가 없었다. 주님은 왕이셨기에 세금이 부과될 수 없었다. 그런데 왜 예수님은 이 모든 사실을 주장하지 않으셨을까? 거기에는 한 가지 이유가 있었다. 다름 아닌 베드로에게 설명하신 대로 "우리가 저희로 오해케 하지 않기 위하여"(마 17:27) 그렇게 하셨다. 예수님은 세금을 내지 않을 모든 권리를 가지고 계셨지만 다른 사람들을 위하여 자신의 권리를 포기하셨다. 다른 사람들을 걸려 넘어지게 하는 것은 심각한 문제이다(마 18:1-10). 반대로 우리의 특권과 권리를 포기하고 "오직 사랑으로 서로 종 노릇"(갈 5:13)하는 것은 복된 일이다.

오늘날 교회가 갈라지는 주된 이유 중 하나는 다른 사람들에게 우리 의견을 따를 것을 종용하는 이기적인 태도를 고집하기 때문이다. 내가 밥 쿡(Bob Cook) 박사로부터 배운 훌륭한 교훈 중의 하나는 하나님은 우리의 뜻에 동의하지 않는 자들을 축복하실 수 있다는 것이다. 그리고 하나님은 그들을 정말로 축복하신다. 로마의 초대 교회 공동체는 그리스도인들이 사랑을 어떻게 실천해야 하고, 다양성 가운데서 어떻게 통일성을 이루어야 하는지 미처 터득하지 못했기 때문에 분열될 위기에 몰린 적이 있었다. 교회 안에 있는 더 오래된 신자들은 그리스도인의 자유의 의미를 알고 있으면서도 연약한 성도들을 공격하는 행동을 서슴지 않았다. 그래서 두 그룹은 서로를 비판하고 정죄하며 모일 때마다 심각한 갈등을 야기시켰다.

바울은 이 문제를 어떻게 해결할 수 있었을까? 바울은 그리스도에 의해 용납된 자들은 서로를 인정해야 하며(롬 14:1), 믿음이 강한 성도들은 더 연약한 성도들을 돌보아 주고 성장할 수 있도록 도와야 한다고 강조했다(롬 14:10-18). 이러한 일은 우리 가정에서도 있어야 하지 않겠는가? 부모들과 손위의 형제들은 나이 어린 형제들을 돌보고 보호하며 그들의 실수를 용납하고, 그래서 이들이 성숙해져서 결국에는 책임을 질 줄 아는 어른으로 자라나도록 지켜 주어야 하지 않겠는가? 바로 이러한 이유 때문에 바울은 "오직 사랑으로 서로 종 노릇"할 것을 강조했다.

한편 예수님은 "내 세금과 너의 세금"이라고 하심으로 자신의 겸손함을 나타내셨다. 원래의 본문에는 "나와 너를 위하여 주라"(마 17:27)고 되어 있다. 스스로 완전한 인간이었고 비록 성육신을 하셨지만 여전히 하나님의 거룩한 아들로 남아 있었기 때문에, 예수님은 "우리를 위하여"라고 말씀하지 않으셨다. 이것이 예수님이 막달라 마리아에게 제자들에게 가서 이르기를, "내가 내 아버지 곧 너희 아버지, 내 하나님 곧 너희 하나님께로 올라간다"(요 20:17)고 전하라고 하신 이유이다. 그럼에도 불구하고 예수님은 베드로와 그가 원하는 것에 마음을 같이 하셨다. 이와 같이 예수님은 오늘날에도 우리와 우리가 필요로 하는 것에 마음을 기울이신다. 대제사장으로서 예수님은 우리의 연약함에 동정심을 가지시며(히 4:14-16), 우리가 필요로 하는 것을 공급하신다(빌 4:19). 그러나 은혜의 보좌 앞에 나아갈 때, 우리는 우리를 기쁘게 하는 것만을 구하는 이기적인 자들이 되지 않도록 우리 자신뿐만 아니라 주님을 위해서 간구하는 것을 잊어서는 안 된다. 이것이 바로 주기도문의 첫 부분에 "이름이 거룩히 여김을 받으시오며"(마 6:9)라는 간구가 등장하는 이유이다. 하나님께 영광을 돌리는 것은 진실된 기도의 근본적인 동기가 된다.

성전세를 지불하셨을 때, 예수님은 베드로와 세금을 납부한 다른 유대인들과 자신을 동일시하셨다. 그러나 *세금을 내는 방법에서* 예수님은 다른 사람들과 구별되셨다. 어떤 일이든 예수님은 여전히 만물의 으뜸이 되신다(골 1:18).

진실: 예수님은 신실하시다

우리는 이 기적이 마태복음에만 기록이 되어 있고, 유일하게 돈을 사용했으며, 예수님이 자신의 필요를 충족시키기 위해 보여 주신 기적이라는 점 등, 이 사건에 얽힌 독특한 점들을 살펴보았다. 그러나 이 기적에 있어서 가장 두드러진 모습은 이 사건의 끝마무리가 기록되지 않았다는 점이다! 그러나 우리는 다음에 올 말씀을 예측해 볼 수 있다:

[28]베드로는 주의 말씀에 순종하여 낚싯대를 들고 바다로 나갔다. 그리고 낚시를 던져 고기를 한 마리 낚았는데, 주님의 말씀대로 그 입에는 동전이 하나 있었다. 그것은 예수와 베드로의 성전세를 내기에 충분한 돈이었다.

본문에 28절이 생략되었음에도 불구하고 이런 일이 실제로 일어나지 않았다고 의심할 사람이 있겠는가? 물론 없을 것이다. 그 이유는 무엇인가? 그것은 예수님이 말씀하신 것은 언제나 그대로 이루어지기 때문이다. 주님의 명령은 그의 능력이시다. "대저 하나님의 모든 말씀은 능치 못하심이 없느니라"(눅 1:37). 만약 우리가 기록되지 않은 기적이 실제로 일어났다고 믿는 믿음을 가지고 있다면, 예수님이 명령하시고 약속하신 일들을 왜 믿지 못하겠는가?

우리가 하나님의 약속과 명령을 믿고 그대로 행할 때, 하나님은 그 능력을 보이시며 목적하신 바를 그대로 이루어 주실 것이다. 예수님은 엷은 공기 가운데서도 동전을 만들어 내실 수 있을 것이다. 예수님이 보이신 기적들은 결코 마술이 아니다. 하나님은 이 땅 위에서 당신의 뜻을 이루시기 위해 여러 수단들을 사용하신다. 그리고 베드로의 믿음과 낚시 바늘과 낚싯줄 역시 그 수단 가운데 하나였다. 약속하신 이는 미쁘시기 때문에(히 10:23), 믿음대로 될 것이다(마 9:29).

우리가 베드로처럼 주님을 의심하지 않고 주님을 온전히 신뢰하며 주께서 말씀하신 대로 행하면, 우리의 삶 가운데 더 많은 그리스도의 기적의 역사를 보게 되리라 믿는다.

7

겟세마네 동산에 나타난 하나님의 은혜

마태복음 26:47-54; 마가복음 14:43-49;
누가복음 22:47-53; 요한복음 18:1-11

말씀하실 때에 한 무리가 오는데, 열둘 중에 하나인 유다라 하는 자가
그들의 앞에 서서 와서 예수께 입을 맞추려고 가까이 하는지라. 예수께
서 이르시되 유다야, 네가 입맞춤으로 인자를 파느냐 하시니, 좌우가
그 될 일을 보고 여짜오되 주여, 우리가 검으로 치리이까 하고, 그 중에
한 사람이 대제사장의 종을 쳐 그 오른편 귀를 떨어뜨린지라. 예수께서
일러 가라사대 이것까지 참으라 하시고, 그 귀를 만져 낫게 하시더라.
예수께서 그 잡으러 온 대제사장들과 성전의 군관들과 장로들에게 이르
시되, 너희가 강도를 잡는 것 같이 검과 몽치를 가지고 나왔느냐? 내가
날마다 너희와 함께 성전에 있을 때에 내게 손을 대지 아니하였도다.
그러나 이제는 너희 때요, 어두움의 권세로다 하시더라.

(눅 22:47-53)

겟세마네 동산에서 체포당하시는 예수님을 생각하면서 나는 마음 속
으로 잔, 입맞춤, 칼 같은 것들을 그려보곤 한다. 잔은 사랑하는 아들을
향하신 아버지의 뜻을 상징하는 것으로, 예수님은 그 잔을 드시고 조금
도 남김없이 다 마시셨다. 입맞춤이 유다의 배반을 보여 주는 것이라면,
칼은 신실했으나 판단이 잘못된 베드로의 용감한 모습을 시사한다. 우리
모두는 이 세 가지 중 하나는 가지고 있다. 어떤 이들은 주님처럼 하나님
의 뜻을 받아들이고 순종하는 삶을 살아간다. 반면에 유다처럼 하나님의
뜻을 거역하고 주님을 배반하는 자들이 있다. 아마도 우리 가운데 상당

수는 하나님의 뜻을 이해하지 못한 채 주님을 섬기는 것이라고 생각하면서 싸움을 할 때가 많을 것이다. 우리는 베드로의 칼과 말고의 귀를 깊이 생각해 보아야 한다. 왜냐하면 이 사건은 예수님이 잡히셔서 심판받으시고 십자가에 죽으시기 전에 행하신 마지막 기적이기 때문이다.

네 개의 복음서에 기록된 정황들을 비교해 보면 흥미로운 점들을 발견할 수 있다. 요한은 유일하게 피해자인 말고의 이름을 소개하고 있다. 요한은 "대제사장과 아는 사람"(요 18:15)이었고, 말고는 대제사장 가야바의 종들 가운데 하나였다. 그리고 요한은 독특하게 공격한 장본인인 베드로의 이름을 밝혔다(요 18:10-11). 한편 누가만 유일하게 치유된 결과를 기록했는데, 그것은 그가 의사이기 때문이었을 것이다(눅 22:51). 이 땅 위에서 행하신 마지막 기적이었기 때문에 이 사건은 주님의 능력을 치밀하게 증거하고 있다. 아마 본 사람은 많지 않았을 것이다. 첫 번째 기적도 제자들과 소수의 하인들에게만 보여졌었다. 또한 예수님 자신이 기적을 행하시는 모습을 들추어내는 분이 아니셨다. 그러나 이 사건을 통해 하나님의 은혜가 은은히 증거되고 있다.

말고를 향하신 하나님의 은혜

예수님을 체포하기 위해 무장한 채 동산으로 쳐들어온 무리들에는 성전을 지키는 자들과 이 일에 가담하기 원했던 몇몇 열심 있는 자들, 그리고 로마의 군인들까지 상당수 포함되어 있었다. 일단의 무리들 가운데 말고라는 자가 있었는데, 그는 대제사장 가야바의 종으로 주인의 명령에 따라 무리들과 동행했을 것이다. 당시 예루살렘에는 열정적이고 애국심이 강한 유대인들로 가득 차 있었기 때문에, 대제사장은 예수님을 잡기 위해 로마의 군인들을 끌어들이는 데 별 어려움이 없었다. 로마 정부는 유월절 기간 중에 폭동이 일어나는 것을 원치 않았을 것이 분명했기 때문이었다. 유다와 친분이 있었던 말고는 유다를 좇아 군인들을 데리고 예수님이 있는 곳으로 왔다. 가야바는 예수님을 죽이기로 이미 마음을 굳힌 상태였고(요 11:47-53), 말고 역시 자기 주인의 뜻에 내심 동의하고 있던 터였다. 예수님을 잡으려고 혈안이 되어 있는 무리들 앞에 그 날 밤 예루살렘에는 피할 곳이 없었다. 말고는 자기 주인의 명령이 이루어지는 것을 보기 위하여 그 자리에 함께 있었다. 종교 지도자, 특히 그 상황에서 대제사장이 자기의 종을 하나님의 아들의 원수로 만들었으니 이보다 더한 비극은 없을 것이다.

베드로는 말고가 실제로 예수님의 몸에 손을 댔기 때문에 칼을 휘둘렀는가? 아니면 베드로가 노린 것은 유다였는데 실수로 말고를 친 것은 아닌가? 베드로는 말고를 알고 있었는가? 이러한 질문들에 대해서 성경은 침묵하고 있다. 그리고 굳이 파헤쳐 보아야 소득이 있는 것도 아니다. 모든 일이 너무 급작스럽게 일어나서 동산에 있던 대부분의 사람들은 기적이 일어났다는 사실조차 모르고 있었다. 그러나 기적이 일어났다는 사실은 주님의 은혜를 증명한다. 우리는 우리를 십자가에 못박아 죽이기 위해 음모를 꾀하고 있는 비천한 종을 치료해 줄 마음이나 들겠는가? 그러나 예수님은 그렇게 하셨다—은혜란 바로 이런 것이다.

신학자들에 의하면, 은혜는 하나님이 우리가 받을 자격이 없는데도 주시는 것을 의미하며, 긍휼은 우리가 받을 자격이 있는데도 주시지 않는 것을 의미한다. 다윗 왕 시절에 웃사라는 사람은 하나님의 법궤에 손을 댔다가 죽임을 당했다(삼하 6:1-10). 그러나 하나님의 아들을 잡으려고 온 말고를 주님은 고쳐 주셨다! 야고보와 요한은 사마리아 사람들이 거만하게 나오자 그 곳 주민들을 멸망시켜 버리자고 예수님께 제안한 적이 있었다. 그러나 주님은 야고보와 요한을 책망하시고, 세상에 오신 것은 사람들을 구원하기 위함이지 멸망시키러 온 것이 아니라고 분명히 말씀하셨다(눅 9:51- 56; 요 3:17). 예수님은 십자가 위에서 기도하실 때도 말고와 군인들을 빠뜨리지 않으셨다. "아버지여, 저희를 사하여 주옵소서. 자기의 하는 것을 알지 못함이니이다"(눅 23:34).

예수님은 제자들에게 미움을 사랑으로 갚으라고 가르치셨다(마 5:43-45). 또 예수님은 말씀하신 대로 실천에 옮기셨다. 베드로는 이 일에 대하여 첫 번째 편지에 다음과 같이 기록하고 있다:

> 이를 위하여 너희가 부르심을 입었으니, 그리스도도 너희를 위하여 고난을 받으사 너희에게 본을 끼쳐 그 자취를 따라오게 하려 하셨느니라. 저는 죄를 범치 아니하시고, 그 입에 궤사도 없으시며, 욕을 받으시되 대신 욕하지 아니하시고, 고난을 받으시되 위협하지 아니하시고, 오직 공의로 심판하시는 자에게 부탁하시며.   (벧전 2:21-23).

아버지는 아들을 구하시기 위해 열두 영의 천사들, 즉 72,000의 천사들을 보내실 수도 있었다. 열한 명의 제자들과 예수님을 위해서 각각 한 영씩, 모두 열두 영을 말씀하셨을 것이다. 그러나 이것은 아버지의 계획이 아니었다. 무리들이 이 사실을 알 리가 만무했다. 예수님의 고난과 죽으심을 통하여 하나님은 세상을 향한 당신의 사랑과 은혜를 확증하고 계셨다(롬 5:8).

말고는 예수님을 믿고 그리스도인이 되었을까? 그러기를 바라지만 확실히 알 수 없다. 그러나 분명한 것은 말고가 기적을 경험했다는 사실이다. 그렇다고 기적이 죄인들의 마음에 자동적으로 구원의 마음을 심어 주는 것은 아니다. 예수님이 죽은 나사로를 살리셨을 때, 그 장면을 목격한 사람들 가운데 예수님을 믿고 구원받은 이들이 많이 있었지만, 그 중에는 원수들에게 가서 어떤 일이 있었는지 고한 자도 있었다(요 11:45-46). "이렇게 많은 표적을 저희 앞에서 행하셨으나 저를 믿지 아니하니"

(요 12:37).

우리가 아는 것은 이것이다: 예수님은 말고를 공격하는 베드로를 멈추게 하셨고, 그의 귀를 치료해 주심으로 말고에게 은혜를 베풀어 주셨다. 말고는 십자가에 달린 강도보다 예수님을 믿을 만한 더욱 분명한 증거를 얻은 셈이다. 우리는 그가 이 기회를 좋게 여겼기를 바랄 뿐이다.

베드로를 향하신 하나님의 은혜

너무나 많은 교사들과 설교자들이 좋아하는 일 중 하나는 성경의 인물—특히 야곱과 베드로—이 갖는 결점과 죄를 공격하는 것인데, 실제로 우리 중 아무도 그들의 신발을 들고 다닐 자격도 없다. 더군다나 그들의 죄를 지적할 자격은 어느 누구에게도 없다. 토우저(A. W. Tozer)의 판단은 정확하다: "어떻든 우리는 베드로가 있어서 기쁘고 또한 주님이 그를 부르신 것만으로도 좋다. 그는 우리와 같은 사람이다. 특별히 그의 결점을 보면 그는 우리와 매우 흡사하다. 우리가 해야 할 일은 그의 능력의 비밀을 배우는 것이다."[1] 우리가 배워야 한다면 "그런즉 선 줄로 생각하는 자는 넘어질까 조심하라"(고전 10:12)는 바울의 충고를 명심해야 할 것이다. 우리는 모두 진흙으로 만들어졌고, 반석이 되려면 아직도 많은 시간이 필요하다.

다락방에서 유월절 만찬을 나누는 것을 시작으로 겟세마네 동산에서 칼을 휘두를 때까지, 베드로는 힘들고 어려운 길을 걷고 있었다. 그리고 베드로는 그 힘들고 어려운 일들은 바로 자기 때문에 만들어진 것이라고 생각했다. 그는 귀를 기울여야 할 때 입을 열었고, 걱정을 해야 할 때 교만해졌으며, 기도해야 할 시간에 잠을 잤고, 받아들여야 할 때 맞서 싸웠다. 그 날 밤 문제를 야기한 자는 말고가 아닌 사단이었는데, 시몬 베드로는 원수가 아닌 자와 싸운 셈이었다(눅 22:53). 베드로의 행동은 잘못되었다. 또 한 번 그는 십자가를 향해 올라가시는 예수님을 방해했던 것이다(마 16:21-23; 17:4). 그는 자신의 에너지와 무기를 잘못 사용했다. 왜냐하면 성령의 검이 없이 우리 자신의 힘만으로는 지옥의 권세를 이길 수 없기 때문이다(엡 6:10-18). 예수님은 베드로에게 경고하셨지만 베드로의 영적인 감각은 무뎌져 있었다.

베드로의 행동을 묵인하거나 그렇다고 흉내내고 싶어할 이유가 없지만, 우리는 모든 면에서 공정하게 두 가지 점을 살펴보아야 한다. 첫 번째 문제는 베드로가 한 말이다. 예수님이 베드로를 포함하여 모든 제자들에게 예수님을 따를 수 있느냐고 경고하셨을 때, 베드로는 주님을 향한 사랑을 내세우며 주님을 위해서라면 감옥이나 죽음까지도 따르겠노라고 큰 소리를 쳤었다(눅 22:31-34; 요 13:37). 우리가 만약 이와 같은 주장을 한다면 우리는 이 일을 이루기 위해 노력해야 한다. 베드로의 열심과 용기를 높이 살 수 있겠지만, 그의 무지함과 충동적인 태도를 생각하면 마음이 아프다. 더 나아가 다른 사람들을 잘라내는 우리의 어리석은 말과 행동을 생각하면 우리는 더욱 고통스러워진다.

두 번째 문제는 예수님이 실제로 칼에 대해서 말씀하셨는가 하는 것이다.

> 저희에게 이르시되 내가 너희를 전대와 주머니와 신도 없이 보내었을 때에 부족한 것이 있더냐? 가로되 없었나이다. 이르시되 이제는 전대 있는 자는 가질 것이요, 주머니도 그리하고, 검 없는 자는 겉옷을 팔아 살지어다. 내가 너희에게 말하노니 기록된 바 저는 불법자의 동류로 여김을 받았다 한 말이 내게 이루어져야 하리니, 내게 관한 일이 이루어감이니라. 저희가 여짜오되 주여, 보소서. 여기 검 둘이 있나이다. 대답하시되 족하다 하시니라.   (눅 22:35-38)

당시 제자들은 분명히 예수님의 말씀을 제대로 이해하지 못하고 있었

다. 주님의 말씀을 문자적으로만 받아들였기 때문이다. 제자들이 전도
여행을 떠날 때만 해도(마 10:5-42), 예수님은 여전히 위대한 선생이셨
고 예수님을 따르는 자들도 많이 있었다. 그러나 예수님은 지금 범죄자
로 몰리고 있었고 *제자들의 상황도 급변하고 있었다*. 그들은 원수들의
반대에 직면한 상태였고, 무엇인가 대책을 세우지 않으면 안 되는 절박
한 상황이었다. "족하다"고 하신 주님의 말씀은 비통한 가운데 나온 말이
었고 제자들의 생각이 모자라는 것을 지칭하는 내용이었다. 우리는 그리
스도의 영적인 나라를 물리적인 무기를 가지고 방어하거나 확장할 수 없
다(요 18:36-37). 그 일을 위해서라면 우리는 베드로가 오순절에 했던
것처럼 성령의 칼을 사용해야 한다(행 2:1-4; 히 4:12 참조).

　베드로는 하나님의 말씀을 잘못 이해했고 적용도 잘못했다. 그래서 결
국 주님에게 불순종하고 말았지만, 예수님은 은혜 가운데 그를 구속하셨
다. 주님은 베드로에게 더 이상 칼을 쓰지 말도록 경고하셨고, 베드로가
말고에게 입힌 상처를 치료해 주셨다. 주님이 가만히 계셨다면 로마의
군인들은 베드로를 체포하여 예수님과 함께 감금했을 것이다. 실라에게
첫 번째 편지를 받아쓰게 하면서, "인간에 세운 모든 제도를 주를 위하여
순복하되"(벧전 2:13) 혹은 "악을 악으로 욕을 욕으로 갚지 말고"(벧전
3:9)라는 말을 하면서, 또한 "너희 중에 누구든지 살인이나 도적질이나
악행이나 남의 일을 간섭하는 자로 고난을 받지 말려니와"(벧전 4:15)라
는 말씀을 기록하면서, 베드로의 마음 속에 겟세마네 동산에서의 일이
스쳐지나갔을지 궁금해진다. 싸우고자 하는 유혹을 받을 때 베드로의 말
을 기억할 수 있는가? 내가 틀릴 수도 있다. 그러나 내 생각에는 세상에
서 그리스도의 일을 하다 보면 입을 맞추는 유다처럼 이중적인 행동보다
는 베드로처럼 칼을 사용하는 시기심 많은 제자들 때문에 더 많은 피해를
입을 때가 많은 것 같다.

오늘날 대부분의 사람들은 칼을 들고 다니지는 않는다. 그러나 우리는 종종 충동적인 말과 행동으로 다른 이들에게 상처를 입힌다. "혹은 칼로 찌름 같이 함부로 말하거니와 지혜로운 자의 혀는 양약 같으니라"(잠 12:18). 우리들의 손에 잔이 들려져 있다면 칼을 사용해서는 안 된다.

죄 많은 세상을 향하신 하나님의 은혜

베드로가 주님을 보호하는 유일한 경호원이 되었던 그 날 밤, 우리는 예수님과 함께 그 동산에 있지 않았다. 그러나 그 날 밤 일어났던 일을 통해 많은 도움을 받고 있다. 만약 예수님이 잔 대신 칼을 드셨더라면, 주님은 십자가에서 죽지 않으셨을 것이다. 그러나 우리는 여전히 죄 가운데 빠져 있을 것이다. 그러나 예수님은 "검을 집에 꽂으라. 아버지께서 주신 잔을 내가 마시지 아니하겠느냐?"(요 18:11)라고 베드로에게 말씀하셨다.

다른 여러 일들 가운데 "잔을 마신다"는 표현은 하나님의 뜻에 순종하고 그에 따르는 고통을 감수하겠다는 성경적인 의미로 사용되는 말이다. 예수님은 자신의 명예를 포기하시고 죄인들과 같이 되셨다. 주님은 자신의 권리를 포기하셨다. 그러나 주님은 해를 끼치지 않는 사람이 아니라 오히려 위험한 짐승으로 여김을 받으셨다. 재판은 조작되었고, 집행관은 예수님을 협박했으며, 죄수에게는 고문이 가해졌다—그러나 당시 종교 지도자들은 자기들이 하나님의 뜻을 수행하고 있다고 생각했기에 스스로 잘하고 있다고 믿고 있었다. 예수님은 72,000의 천사들에게 자기를 구하라고 명령하실 수 있었다. 그러나 주님은 잔을 취하셔서 남김없이 드셨다. 히스기야가 왕으로 있던 시절에는 천사 하나가 적군 185,000명을 죽인 일도 있었다(사 37:36). 따라서 열두 영 되는 천사라면 적어도 130억이 넘는 원수들을 쓸어버릴 수도 있다는 말이다.

주님은 자신을 구원하실 수도 있었지만 우리들을 구원하시는 것을 택하셨다. 사도 요한은 "아버지가 아들을 세상의 구주로 보내신 것을 우리가 보았고 또 증거하노니"(요일 4:14)라고 기록했다. 하나님의 은혜는 겟세마네 동산에도 있었고 갈보리 언덕의 십자가 위에도 있었다. 예수님이 영광 가운데 통치하시는 곳에 하나님의 은혜는 은혜의 보좌로부터 우리에게 주어진다. "우리가 다 그의 충만한 데서 받으니 은혜 위에 은혜러라"(요 1:16). 베드로는 "모든 은혜의 하나님"(벧전 5:10)이라고 했다. 베드로보다 더 잘 아는 사람이 누가 있겠는가?

8
닭 울음소리를 통해 듣는다

마태복음 26:57-75; 마가복음 14:53-72;
누가복음 22:54-62; 요한복음 18:15-27

예수를 잡아 끌고 대제사장의 집으로 들어갈쌔, 베드로가 멀찍이 따라가
니라. 사람들이 뜰 가운데 불을 피우고 함께 앉았는지라. 베드로도 그
가운데 앉았더니, 한 비자가 베드로의 불빛을 향하여 앉은 것을 보고
주목하여 가로되 이 사람도 그와 함께 있었느니라 하니, 베드로가 부인
하여 가로되 이 여자여, 내가 저를 알지 못하노라 하더라. 조금 후에
다른 사람이 보고 가로되 너도 그 당이라 하거늘, 베드로가 가로되 이
사람아, 나는 아니로라 하더라. 한 시쯤 있다가 또 한 사람이 장담하여
가로되 이는 갈릴리 사람이니 참으로 그와 함께 있었느니라. 베드로가
가로되 이 사람아, 나는 너 하는 말을 알지 못하노라고, 방금 말할 때에
닭이 곧 울더라. 주께서 돌이켜 베드로를 보시니, 베드로가 주의 말씀
곧 오늘 닭 울기 전에 네가 세 번 나를 부인하리라 하심이 생각나서,
밖에 나가서 심히 통곡하니라.   (눅 22:54-62)

예수님을 멀찍이 따라갔다는 베드로의 이야기는 설교자들이 좋아하는
본문이다. 이 사건은 요한복음을 제외한 모든 복음서에 기록되어 있다.
따라서 지나칠 수 없다(마 26:58; 막 14:54; 눅 22:54). 그런데 이 사
건은 잘못 해석될 소지가 많고 실제로 그런 일이 종종 발생하고 있다.
서재에서 책으로 출판된 설교들의 목록을 살펴보다가 놀란 적이 있었다.
유명한 설교자 네 사람 모두 이 본문을 가지고 설교했는데, 그들의 설교
는 "멀리 있는 제자" 또는 "멀리서 예수님을 좇을 때의 위험함" 같은 내용

을 다루고 있었다. 그들의 설교는 훌륭한 것이었지만 초점을 완전히 잃어버린 까닭에 본문과의 연결성을 갖추지 못하고 있었다.

복음서에 설명된 기록들을 주의 깊게 읽어보면, 우리는 베드로를 비롯한 제자들에게는 *예수님을 좇아갈 의사가 전혀 없었음*을 발견할 수 있다. 예수님은 제자들이 가능한 한 빨리 겟세마네 동산을 빠져나가기를 원하셨다. 다락방을 떠나면서 예수님은 제자들에게 스가랴의 말씀을 상기시키며, "내가 목자를 치리니 양의 떼가 흩어지리라"(마 26:31; 슥 13:7과 막 14:27 참조)고 말씀하셨다. 이것은 주님이 사람들이 그 곳을 떠나기를 원하셨다는 것을 분명히 보여 주는 단서이다. 더 나아가 예수님을 잡으려는 무리들이 도착하자 예수님은 그들을 낭낭하게 맞이하면서 말씀하시기를, "너희에게 내로라 하였으니, 나를 찾거든 이 사람들의 가는 것을 용납하라"(요 18:8)고 하셨다. 이와 같이 주님은 동산에서 제자들을 해산시키려 하셨다. 주님은 이미 부활하신 후에 다시 만날 것을 약속하셨었다. 그리고 이것은 앞으로 겪게 될 몇 날 동안의 어려움 속에서 제자들을 지탱해 주는 약속이었다. 신호는 분명했다—"이 곳을 떠나라!"

제자들은 그 자리를 떠났다. 그러나 베드로는 주님의 명령에 순종하지 않고 무리들을 따라 대제사장의 집 뜰까지 들어왔다. 그리고 거기서 주님을 세 번이나 부인했다. 베드로는 주님의 길에 서지 아니하고 악인들의 길에 섰기 때문에, 시편 1편 1절에서 말하는 "복 있는 사람"은 아니었다. 베드로는 죄인들과 같이 서 있었고(요 18:18), 마지막에는 주님을 모욕하는 자들과 함께 불을 쬐었다(눅 22:55). 예수님이 핏방울 같은 많은 땀을 흘리셨던 바로 그 날 밤, 베드로는 추위에 떨며 원수들의 불 옆에 앉아 있어야만 했다.

마가는 닭이 두 번 울었다고 기록하고 있다(막 14:72). 따라서 첫 번째 울음은 까맣게 잊어버리고 있었던 베드로에게 미리 경고하는 울음이었다.

베드로가 주님을 세 번째 부인한 후, 닭이 또 다시 울었다. 바로 그 순간에 예수님이 돌이켜 베드로를 보셨다고 누가는 기록하고 있다(눅 22:61). 여기서 누가는 예수님이 베드로를 처음 만났을 때 요한이 사용했던 똑같은 단어를 사용했는데, 그것은 비난하는 찌푸린 얼굴이 아니라 부드럽고 사랑과 이해심 많은 눈으로 응시하는 얼굴이었다. 이 때 베드로의 마음에 와 닿는 것이 있어 베드로는 그 곳을 벗어나 울며 심히 통곡했다.

스스로 다른 사람과 같지 않다고 하며 자기 의에 젖어 있는 사람들은 베드로의 행동을 신랄하게 비판한다. 그러나 온전한 마음을 가지고 있고 닭 우는 소리를 들어 본 적이 있는 그리스도인들은 어부 베드로를 동정할 수 있을 것이다. 물론 베드로의 죄를 묵인하는 것은 아니다. 다만 그들도 남몰래 울고 있고, 때로는 시계를 되돌려 놓고 다시 해 보고 싶은 마음이 간절하기 때문에, 베드로의 고통을 이해할 수 있을 것이라는 말이다. 그토록 자연스럽고 단순한 일, 즉 매일 아침마다 듣게 되는 닭 우는 소리에 베드로는 회개하는 마음을 얻게 되었다. 닭의 목청을 통해 울려나오는 보이지 않는 소리의 파동이 베드로의 마음을 때리고 정신을 차리게 해 주었다. 요셉의 형제들이 결국에 가서 진실을 말하게 된 것은 기근과 감옥에 갇히는 경험 때문이었다. 요나는 폭풍 속에서 죽음 직전까지 가서야 정신을 차렸다. 베드로의 마음을 일깨운 것은 닭 우는 소리와 예수님의 눈빛이었다.

닭 우는 소리는 베드로에게 세 가지 교훈을 남겼다. 그리고 이 교훈들은 우리가 주님을 잃어버리게 되면 언제든지 우리 귀에도 생생하게 들려올 것이다.

재확신: 예수 그리스도는 주님이시다

우리 주변을 둘러싸고 있는 상황이 아무리 낙심스러운 것이라 할지라도, 혹은 우리 안에 있는 느낌이 아무리 고통스럽다 할지라도, 예수 그리스도는 여전히 우리의 주님이시다. 주님은 사로잡혔고 묶이셨다. 그러나 그 때도 주님이셨다. 사악한 자들로부터 고난을 받으시고 모욕과 조롱을 당하셨지만 예수님은 그래도 주님이셨다. 그는 육체적으로 연약했지만 주님이셨다. 제자들 가운데 하나가 배반을 하고 베드로는 예수님을 모른다고 세 번이나 부인했지만 예수님은 주님이셨다. 베드로는 멀리 떨어져 있었지만 예수 그리스도께서는 모든 것의 주님이셨다. 주님은 사람들 앞에서 획기적인 기적을 행하심으로 자신의 주되심을 입증하려 하지 않으셨다. 주님이 행하신 일은 예루살렘에 있는 모든 새들을 잠잠하게 만드셨다가 바로 그 순간에 한 마리의 닭을 택하셔서 울게 하신 것뿐이었다.

우리는 세금으로 바친 돈에 대한 기적을 살펴보면서, 첫째 아담이 죄로 인해 잃어버렸던 주권을 두 번째 아담이신 예수 그리스도가 다시 찾으셨다는 사실을 확인했었다. 베드로는 예수님이 물고기들을 지배하시는 것(눅 5:1-11)과 짐승들을 주관하시는 모습(막 11:1-7)을 지켜본 적이 있었다. 그리고 이제 예수님이 새들을 통치하시는 모습을 보게 되었다. 새벽에 닭이 우는 것은 분명히 자연스러운 일이다. 그러나 예수님은 바로 그 시간에 닭이 울 것과 다른 새들은 가만히 있을 것을 분명히 알고 계셨다.

예수님이 "이제는 너희 때요 어두움의 권세로다"(눅 22:53)라고 무리들을 향해 말씀하셨다. 그러나 그렇게 말씀하셨다고 해서 보좌를 포기하셨다거나 그들의 행동을 용서하신 것은 아니었다(악마가 우리에게 이렇게 했도다). 하나님의 고난받으시는 종은 오직 하나님의 주권적인 뜻에 복종하신 것이고, 또한 공생애를 시작하면서 이미 말씀하셨고, 또 약속의 성취를 위해 기도하셨던 바로 그 때가 이루어진 것이었다(요 2:4, 17:1). 사단이 계획했던 대로 이루어진 것처럼 보이지만, 모든 것을 주관하시는 분은 주님이셨다. 어두움이 세상을 지배하는 것처럼 보였던 그 시간에도 하나님은 여전히 보좌 위에 계셨다는 것을 잊어서는 안 된다.

회개: 당신은 용서받을 수 있다!

다락방에서 베드로는 예수님이 중요한 일들에 대해 말씀하시는 것을 들었다. 주님의 말씀이 얼마만큼이나 베드로의 마음과 생각에 새겨졌는지에 대해서는 알 길이 없다. 그러나 베드로는 "시몬아, 시몬아! 보라, 사단이 밀 까부르듯 하려고 너희를 청구하였으나, 그러나 (시몬아!) 내가 너를 위하여 네 믿음이 떨어지지 않기를 기도하였노니, 너는 돌이킨 후에 네 형제를 굳게 하라"(눅 22:31-32)는 예수님의 말씀을 분명히 기억했을 것이다. 어두움의 권세는 빛이신 하나님의 허락 없이는 아무 짓도 할 수 없다. 또한 사단이 고안해 낸 그 어떤 것도 주님의 기도에 맞서 성공을 거둘 수가 없다. 마치 옛 사람으로 되돌아가려 하는 베드로를 경고하시는 것처럼, 예수님은 베드로를 세 번씩이나 "시몬"이라고 부르셨다. 시몬은 그의 옛 이름이다. 베드로의 용기는 실패했으나 믿음은 실패하지 않았다. 그는 용서받았고 회복되어졌다. 예수님은 "네가 돌아선다면"이라 하지 않으시고 "네가 돌아설 때"라고 말씀하셨다.

성경의 역사를 볼 때, 가장 강한 면에 있어서 오히려 실패한 사람들은 베드로 이전에도 많이 있었다. 베드로의 경우, 그는 용기라는 면에서 강점을 가지고 있었다. 아브라함의 가장 큰 강점은 그의 믿음이었다. 그러나 두 번이나 도망을 치고 아내로 인해 거짓을 말했을 때(창 12:10-20; 20:1-18), 또한 아들을 얻기 위해 하갈을 아내로 취했을 때(창 16), 그를 실패하게 만든 것은 믿음이었다. 모세는 대단히 겸손한 사람이었으나(민 12:3), 혈기를 부리고 바위를 내리쳤으며, 그 결과 약속의 땅에 들어가는 것을 허락받지 못했다(민 20). 다윗의 최대 강점은 신실함이었는데, 그는 간음과 살인을 은폐하려고 시도하면서 바로 신실함에서 실패하고 말았다(삼하 11-12). 우리는 우리가 시험을 당한다면, 우리의 가장 약한 부분이 문제가 된다고 생각할 때가 많다. 그러나 사단은 우리의 가장 강한 점을 공략하는 방법을 이미 알고 있다.

마태와 마가 그리고 누가는 하나같이 닭이 울었을 때 베드로가 주님의 말씀이 생각나서 밖에 나가 심히 통곡했다는 내용을 기록하고 있다(마 26:75; 막 14:72; 눅 22:61-62). 그 날 저녁, 베드로는 계속해서 주님의 말씀을 거역하고 있었다. 주님과 논쟁하다시피 했고, 말씀에 불순종하여 잠을 잤다. 그가 칼을 가지고 말고를 공격했을 때, 그것은 주님의 말씀보나 앞서 간 행동이었다. 그러나 베드로는 이제 말씀을 기억하고, 그 위험하고 실패했던 곳을 빠져나와 회개와 회복의 장소로 옮겼다. "하나님의 구하시는 제사는 상한 심령이라. 하나님이여, 상하고 통회하는 마음을 주께서 멸시치 아니하시리이다"(시 51:17).

진정한 회개는 후회나 자책 그 이상의 것이다. 유다는 예수님께 했던 자신의 행동에 대해 후회를 했으나 자책하는 마음으로 자살을 하고 말았다. 베드로의 후회는 죄를 고백하고 자신을 깨끗하게 만들었으며, 주님은 그를 개인적으로 만나 용서받았음을 확인시켜 주셨다(고전 15:3-5). 빈 무덤에서 천사는 여자들에게 말하기를, "가서 그의 제자들과 베드로에게 이르기를 예수께서 너희보다 먼저 갈릴리로 가시나니 전에 너희에게 말씀하신 대로 너희가 거기서 뵈오리라"(막 16:7)고 전하라고 했다. 여기서 "제자들과 베드로에게"라는 두 단어가 베드로에게 새로운 용기와 소망을 주었을 것이다. 베드로는 주님만 아니라 제자들도 배반했기 때문에 천사는 제자들 가운데 베드로를 포함시키지 않았다(막 14:69-71). 베드로는 어느 날 아침을 먹은 후, "나를 따르라!"(요 21:15-19)는 주님의 말씀을 들은 후에야 그 권리를 되찾을 수 있었다.

우리를 죄 가운데로 유혹하면서 사단은 종종 "죄를 지어도 벌을 받지 않고 괜찮을 거야"라고 속삭인다. 그래서 우리가 주님께 불순종하여 죄를 범하면, 사단은 계속해서 "결코 빠져나가지 못하고 벌을 받을 거야"라고 소리치며, 모든 소망이 사라졌음을 확인시키려 든다. 때때로 거룩한 성도가 불순종하고 낙심 중에 빠지면, 그것은 잃어버렸던 죄인들이 확신을 얻는 것보다 더 심각한 문제를 야기시킨다. 우리는 사단의 고소하는 말을 듣는 것 대신에 우리를 초청하시는 주님에게 귀를 기울이고, 베드로가 그랬던 것처럼 주님의 말씀을 기억해낼 수 있어야 한다.

> 너희는 여호와를 만날 만한 때에 찾으라. 가까이 계실 때에 그를 부르라. 악인은 그 길을 불의한 자는 그 생각을 버리고 여호와께로 돌아오라. 그리하면 그가 긍휼히 여기시리라. 우리 하나님께로 나아오라. 그가 널리 용서하시리라.   (사 55:6-7)

> 그러나 사유하심이 주께 있음은 주를 경외케 하심이니이다. 나 곧 내 영혼이 여호와를 기다리며 내가 그 말씀을 바라는도다.   (시 130:4)

> 나 곧 나는 나를 위하여 네 허물을 도말하는 자니 네 죄를 기억지 아니하리라.   (사 43:25)

> 주와 같은 신이 어디 있으리이까? 주께서는 죄악을 사유하시며, 그 기업의 남은 자의 허물을 넘기시며, 인애를 기뻐하심으로 노를 항상 품지 아니하시나이다. 다시 우리를 긍휼히 여기셔서.   (미 7:18)

> 만일 우리가 우리 죄를 자백하면, 저는 미쁘시고 의로우사 우리 죄를 사하시며, 모든 불의에서 우리를 깨끗케 하실 것이요.   (요일 1:9)

부흥: 새 날이 밝았다!

매일 아침 닭 우는 소리를 통해 주님은 말씀하신다: "일어나라! 일을 시작하라! 새 날이 되었다. 어제 무슨 일이 있었다 하더라도 오늘 새롭게 시작할 수 있다!" 조지 모리슨(George Morrison)은 승리하는 그리스 도인의 삶은 새로운 출발의 연속이라는 말을 자주 했다. 맞는 말이다. 베드로는 죄를 범했다. 그러나 태양은 계속해서 떠올라서, 주님은 이스라엘 백성과 다윗에게 약속하셨던 다윗의 자손은 영원할 것이라는 언약(렘 33:19-22; 삼하 7:8-16)을 결코 버리지 않으신다는 사실을 기억나게 해 준다. 다윗의 자손 예수 그리스도는 가이사의 군인들에 의해 모진 고난을 받으셔야 했다. 그러나 기다리고 있으면 새 시대의 첫 날이 열릴 것이다.

사단은 어두움의 처음 한 시간 동안은 마음대로 활동할 수 있었다. 그러나 예수님은 빛과 은혜의 날 하루 종일 세상을 주관하셨다. "저녁에는 울음이 기숙할지라도 아침에는 기쁨이 오리로다"(시 30:5)는 시편의 말씀이 그대로 이루어졌다. "여호와의 자비와 긍휼이 무궁하시므로 우리가 진멸되지 아니함이니이다. 이것이 아침마다 새로우니 주의 성실이 크도소이다"(애 3:22-23)라고 했던 예레미야의 말대로 되었다. 새 날의 아침이 밝았음을 알리는 수탉의 울음소리가 울려 퍼진 것이다.

제자로서 그리스도인들의 삶은 한 번 공중을 향해 발사되어 결코 궤도에서 벗어나지 않는 미사일과 같다고 할 수 없다. 예수님을 따르는 것은 마치 "산과 골짜기가 있는 땅"(신 11:11)을 걸어가는 것과 같다. 발부리가 걸려 넘어지고 엉뚱한 길로 방황하는 때가 한두 번이 아니다. 그러나 우리가 죄를 자복하고 주님을 소리쳐 부르면 주님은 우리 곁으로 찾아오시고, 우리를 올바른 길로 인도하시며, 새로운 출발을 하게 하신다.

아브라함은 애굽에서 죄를 범한 후, 하나님께 불순종했던 그 곳으로 다시 돌아왔다. 그리고 거기서 그는 다시 출발했다(창 13:1-4). 수년 동안 고통과 시험을 겪은 후, 야곱은 주님을 처음으로 만났던 벧엘로 다시 돌아왔다(창 35:1-8). 그리고 거기서 자신의 인생의 영광스럽고 새로운 장을 쓰기 시작했다. 다윗 왕은 죄를 범한 후, 비싼 값을 치러야 했다. 찰스 스펄전이 말한 대로, "보통의 죄인들이 범한 죄는 값이 싸지만 하나님의 자녀들이 범한 죄는 아주 비싸기 때문"이었다. 그러나 하나님은 다윗의 고백을 들으셨고 그의 죄를 용서해 주신 다음에 새로운 출발을 허락하셨다. 주님이 우리의 죄를 깨닫게 해 주실 때 다윗은 닭 우는 소리를 들었다. 또한 다윗은 하나님이 정결케 하시고 안위하여 주셨기에 태양이 다시 떠오르는 것을 보았다. 우리도 그렇게 살아야 한다.

예수님은 주간 첫 날에 베드로를 개인적으로 만나셨다. 그리고 나중에 그를 다시 만나 그의 제자직을 회복시켜 주셨다(요 21:15-19). 주님은 승천하시기 전 40일 동안 열한 명의 제자들과 자주 만나셨다. 그리고 열흘이 지나서 주님은 갓 태어난 교회를 주님의 증거자로 만드시기 위하여 성령을 보내셨다.

닭 우는 소리와 성령의 강림은 베드로를 새 사람으로 바꾸어 놓았다. 오순절 날 베드로는 능력 있는 설교를 했는데, 그 결과 3,000명이 회개하고 그리스도를 받아들였다(행 2:40-41). 그가 두 번째 설교했을 때는 5,000명이 주님께 돌아왔다(행 4:4). 사도행전에는 베드로의 설교가 일곱 차례 기록되어 있다. 그는 설교를 하고 나면 의례히 곤란을 겪었지만 그렇게 나쁜 것만은 아니었다.

주님으로부터 아무리 멀리 떠났다 할지라도 진실된 제자들이라면 언제나 새로운 출발을 할 수 있다. 베드로에게는 새 날이 밝아오는 아침이었지만 유다에게는 아니었다. "유다가 그 조각을 받고 곧 나가니 밤이러라"(요 13:30). 슬프게도 유다에게는 여전히 밤이었다. 그리고 언제나 밤일 것이다.

9

기억나게 하심을 감사하라

요한복음 21:1-14

그 후에 예수께서 디베랴 바다에서 또 제자들에게 자기를 나타내셨으니, 나타내신 일이 이러하니라. 시몬 베드로와 디두모라 하는 도마와 갈릴리 가나 사람 나다나엘과 세베대의 아들들과 또 다른 제자 둘이 함께 있더니, 시몬 베드로가 나는 물고기 잡으러 가노라 하매, 저희가 우리도 함께 가겠다 하고 나가서 배에 올랐으나, 이 밤에 아무 것도 잡지 못하였더니, 날이 새어갈 때에 예수께서 바닷가에 서셨으나, 제자들이 예수신 줄 알지 못하는지라. 예수께서 이르시되 얘들아, 너희에게 고기가 있느냐? 대답하되 없나이다. 가라사대 그물을 배 오른편에 던지라. 그리하면 얻으리라 하신대, 이에 던졌더니 고기가 많아 그물을 들 수 없더라. 예수의 사랑하시는 그 제자가 베드로에게 이르되 주시라 하니, 시몬 베드로가 벗고 있다가 주라 하는 말을 듣고 겉옷을 두른 후에 바다로 뛰어내리더라. 다른 제자들은 육지에서 상거가 불과 한 오십 간쯤 되므로, 작은 배를 타고 고기 든 그물을 끌고 와서 육지에 올라 보니 숯불이 있는데, 그 위에 생선이 놓였고 떡도 있더라. 예수께서 가라사대 지금 잡은 생선을 좀 가져오라 하신대, 시몬 베드로가 올라가서 그물을 육지에 끌어올리니, 가득히 찬 큰 고기가 일백쉰세 마리라. 이같이 많으나 그물이 찢어지지 아니하였더라. 예수께서 가라사대 와서 조반을 먹으라 하시니, 제자들이 주신 줄 아는 고로 당신이 누구냐 감히 묻는 자가 없더라. 예수께서 가셔서 떡을 가져다가 저희에게 주시고 생선도 그와 같이 하시니라. 이것은 예수께서 죽은 자 가운데서 살아나신 후에 세 번째로 제자들에게 나타나신 것이라.

"기억해낼 수 있는 일들이 얼마나 많으냐 하는 것은 그리 놀라운 것이

못 된다. 실제로 내가 기억하고 있는 일들은 그것에 훨씬 미치지 못하기 때문이다." 이 말은 미국의 해학가 조쉬 빌링스(Josh Billings)가 한 말이다. 나는 이 말에 동감한다. 몇 년 전 자서전을 쓰면서 원고를 출판사에 보내기 전에 내 형제들에게 그것을 읽고 교정해 달라는 부탁을 한 적이 있었다. 그런데 뜻밖에도 그들은 중대한 실수를 몇 군데 지적했다. 나는 모든 사건들을 잘 기록해 두었다고 확신하고 있었는데, 몇몇 경우에 있어서 그것이 착오였음이 판명된 것이다. 오스카 와일드(Oscar Wilde)가 기억을 "과거에 절대로 일어나지도 않았고 또 일어날 수 없었던 것들을 시간적으로 기록한 일기"라고 정의한 것은 놀라운 일이 아니다.

베드로는 성도들의 기억을 새롭게 하기 위하여 두 번째 편지를 기록했다. 따라서 편지를 읽는 자들은 베드로와 다른 제자들이 가르쳐 주었던 내용들을 기억할 수 있었을 것이다(벧후 1:12). 베드로는 "내가 이 장막에 있을 동안에 너희를 일깨워 생각하게 함이 옳은 줄로 여기노니…내가 힘써 너희로 하여금 나의 떠난 후에라도 필요할 때는 이런 것을 생각나게 하려 하노라"(벧후 1:13-15)고 했다. 의심할 여지없이 베드로는 주님을 부인한 후에 자신을 온전한 길로 되돌아오게 해 주었던 사건을 분명히 기억하고 있었다. "닭이 곧 울더라. 이에 베드로가 예수의 말씀에 닭 울기 전에 네가 세 번 나를 부인하리라 하심이 생각나서, 밖에 나가서 심히 통곡하니라"(마 26:74-75). 기억과 양심은 종종 함께 역사한다.

그러나 베드로의 기억을 가장 잘 떠오르게 해 준 경험은 아마도 요한이 복음서 끝에 기록한 사건일 것이다(요 21:2-18). 요한복음 21장에서만 베드로라는 이름이 최소한 열세 번 이상 언급되어 있는데, 이것은 이 사건의 초점이 베드로와 주님에게 맞추어져 있었다는 것을 시사한다. 요한이 이 부분을 기록한 것은 적어도 두 가지 이유가 있었다: 첫째로, 베드로와 주님과의 관계, 그리고 베드로의 사도직이 어떻게 회복되었는지를 설명하기 위해서, 둘째로, 요한이 예수님이 다시 오실 때까지 살 것이라는 소문을 불식시키기 위해서(요 21:20-24) 기록되었다. 하나님의 백성들이 예수님의 말씀을 왜곡시키고 본래의 의미와는 전혀 다른 것으로 받아들이는 경우가 너무 자주 일어나고 있다.

베드로가 부활하신 주님을 만나는 장면과 그 때 나타난 기적들 그리고 이런 일들이 베드로가 과거를 기억하는 데 어떻게 도움이 되었으며, 또 장래를 준비하는 데 어떤 역할을 했는지 살펴보고자 한다.

베드로는 사도로 부름을 받았던 일을 기억했다 (요 21:1-11)

다락방에 계실 때, 예수님이 제자들과 약속하시기를 죽은 자 가운데서 살아난 후 갈릴리에서 만나자고 하셨었다(마 26:31). 부활하신 그 날, 무덤에 있던 예수님과 천사는 이 소식을 다시 전했고(마 28:7, 10), 더욱이 천사는 베드로에게 특별한 지시까지 남겼다(막 16:7). 그래서 남자들은 갈릴리로 가서 예수님이 오시기를 기다리고 있었다.

때때로 기다리는 것이 일하는 것보다 힘들 때가 있다. 특별히 베드로처럼 충동적인 사람이라면 더욱 그러하다. 일곱 제자가 모여 있던 어느 날 저녁, 베드로는 고기를 잡으러 가겠다고 선언했고, 나머지 여섯 명도 베드로의 말에 동조했다. 그렇다고 해서 나는 그들이 옛 생활로 돌아갈 것을 선언한 것은 아니라고 생각한다. 그것은 앉아서 마냥 기다리기보다는 베드로가 시간을 선용하는 편을 선택했다고 본다. 예수님이 제자들을 찾으시려고 했다면 주님은 그들이 있는 곳을 아셨을 것이다.

아침이 되었을 때, 베드로는 누가가 누가복음 5장에 기록한 상황을 재연하고 있는 자신의 모습을 발견했다. 두 번의 경우 모두, 사람들은 밤새도록 그물을 던졌지만 잡은 것은 아무 것도 없었다. 그러나 주님이 지시한 대로 했을 때, 그들은 엄청난 고기를 잡게 되었다. 처음 이 일을 경험했을 때, 베드로는 너무 당황한 나머지 주님의 발 아래 엎드려 자신의 죄를 고백했다. 바로 그 때 예수님은 베드로와 안드레 그리고 야고보와 요한에게 사람을 낚는 어부가 될 것을 요청하셨고, 그들은 모든 것을 버려 두고 예수님을 따르기 시작했다. 그 사건 이후 베드로는 자기가 부름받았다는 사실과 자기를 부르신 주님을 모두 부인했다. 이제 요한복음 21장의 기록은 베드로가 다시 회복되는 데 도움을 주고 있다.

그 날 아침 바닷가에 앉아서 베드로는 두 사건의 유사점은 물론 그 차이점까지도 분명히 인식했다. 처음 사건에서 그물은 찢어지기 시작했지만 두 번째는 찢어지지 않았다. 지난 번에는 잡은 고기가 몇 마리나 되는지 알 길이 없었고 그 중에 더러는 도망을 갔지만, 두 번째 잡았을 때는 커다란 물고기가 153마리라고 정확하게 셈을 했고, 그 중 한 마리도 놓치지 않았다. 지난 번 기적에서 베드로는 그물을 끌어올리기 위해 도움을 요청했지만, 지금은 자기 혼자서 그물을 끌어올릴 수 있었다. 그러나 두 번의 사건을 통해 베드로의 마음에 메아리쳤던 예수님의 가르침은 동일했다―"나를 떠나서는 너희가 아무 것도 할 수 없음이라"(요 15:5).

요한복음 21장은 진실로 엄청난 기적들을 연속으로 기록하고 있다. 밤이 맞도록 사람들은 고기를 잡을 수가 없었다. 그런데 단지 방향을 바꿔 배의 반대편에 그물을 던진 것뿐인데, 큰 물고기를 153마리나 잡은 것이다. (조지 모리슨이 말한 대로 성공과 실패의 차이는 단순하게 배의 넓이에 있었다.) 여섯 명의 제자들은 힘을 모아 그물을 끌고 왔고, 마지막에 베드로는 혼자 힘으로 모든 작업을 마무리했다. 그물은 커다란 고기들로 가득 찼지만 찢어지지 않았다. 육지에 올랐을 때, 제자들은 이미 숯불에 음식이 마련되어 있는 것을 발견했다. 이것은 하루를 시작하는 참으로 흥분되는 방법이었다!

다시 한 번 베드로는 주 예수 그리스도의 은혜를 경험했다. 예수님은 축복을 위해 어떠한 조건도 내세우지 않으셨기 때문이다. 주님은 기적을 베풀어 주시겠다는 약속을 하시며, 베드로가 먼저 죄를 고백해야 한다는 조건을 내세우지 않으셨다. 예수님은 단순히 필요를 충족시켜 주셨고 병든 자들을 고쳐 주셨다. 주님은 베드로가 물고기를 잡는 두 번의 기적과 모든 것을 버려 두고 예수님을 따랐던 것을 생각하고 있다는 것을 알고 계셨다. 베드로는 계속해서 예수님을 따르기 원했고, 바로 이것이 예수님이 원하셨던 것이다.

베드로는 그리스도를 고백했던 것을 기억했다
(요 21:9, 12-14)

베드로는 떡과 고기를 바라보면서 예수님이 어린아이의 점심 도시락을 축복하시고 그것으로 오천 명이 넘는 사람들을 먹이셨던 그 날을 회상했을 것이다(요 6:1-13). 이 기적은 사복음서에 모두 기록되어 있는데, 오직 요한복음만 그 후편을 소개하고 있다. 오천 명을 먹이신 그 다음 날, 예수님은 가버나움 회당에서 기적의 현장에 있었던 사람들 가운데 일부를 다시 만나 생명의 떡에 관하여 설교하셨다(요 6:25-59). 그들은 광야에서 이스라엘 백성들을 먹이기 위해 하늘로부터 내려왔던 만나에 대해서 알고 있던 사람들이었다. 그러나 그들은 자기들 눈앞에 바로 그 생명의 떡이 있음을 미처 깨닫지 못하고 있었다.

주님의 설교는 연속되는 대조로 이루어져 있다. 하나님은 모세를 통하여 만나를 주셨지만, 아버지는 아들을 보내사 생명의 떡이 되게 하셨다. 만나는 단지 육신의 생명을 유지하는 것이었지만, 예수님은 영원한 생명을 주신다. 만나는 이스라엘 백성들에게만 주어졌지만, 예수님은 온 세상에 생명을 주시기 위해 보내졌다. 만나가 주어졌음을 인정하고 보는 것만으로는 좋을 것이 없다. 우리는 그것을 받아먹어야 한다. 생명의 떡이신 예수님도 마찬가지이다. 우리는 믿음으로 우리 안에 주님을 영접해야 한다. 그렇지 않으면 구원을 얻을 수가 없다. 예수님은 구원 얻는 믿음과 그의 살을 먹고 그의 피를 마시는 것을 비교하여 말씀하셨다. 이 말씀을 듣던 무리들은 그 뜻을 제대로 이해하지 못하고 주님 곁을 떠나갔다. 그들은 인간의 살을 먹는 것은 모세가 전한 율법에 어긋나는 것이라고 받아들였다. 영적인 무지함으로 그들은 구원을 빼앗기고 말았다.

무리들이 떠나기 시작하자 바로 그 순간 예수님은 열두 제자를 향해 고개를 돌리셨다. 예수님은 "너희도 가려느냐?"고 물으셨다. 베드로가 대답했다. "주여, 영생의 말씀이 계시매 우리가 뉘게로 가오리이까? 우리가 주는 하나님의 거룩하신 자신 줄 믿고 알았삽나이다"(요 6:67-69). 베드로는 가이사랴 빌립보에서도 이와 비슷한 대답을 한 적이 있었다: "주는 그리스도시요 살아 계신 하나님의 아들이시니이다"(마 16:16).

그러나 주님을 고백했던 두 번의 경험은 주님을 세 번이나 부인한 베드로를 더욱 고통스럽게 만들었다. 하지만 두 차례의 고백은 진실한 것이었으며 또한 베드로가 실패했다고 해서 그의 믿음이 아주 망가진 것은 아니었다. 그는 여전히 주님께 속해 있었고 예수님도 베드로와 하나이셨다.

베드로는 그리스도를 부인했던 것을 기억했다 (요 21:9)

"육지에 올라 보니 숯불이 있는데, 그 위에 생선이 놓였고 떡도 있더라"(요 21:9). 이 구절 외에 요한복음에서 "숯불"이라는 표현을 발견할 수 있는 곳은 18장 18절뿐이다. "그 때가 추운 고로 종과 하속들이 숯불을 피우고 서서 쬐니, 베드로도 함께 서서 쬐더라." 그 날 아침 바닷가에서 베드로가 기억했던 또 다른 것이 있었다면 그것은 숯불이었다. 베드로는 자기가 실패했던 자리로 돌아가 잘못된 일들을 되돌려 놓을 수는 없었다. 베드로가 할 수 있는 일은 죄를 지은 바로 그분에게 자신의 죄를 고백하는 것이었다. 베드로는 죄를 고백했고 예수님은 그의 죄를 용서하고 회복시켜 주셨다.

베드로의 입장에서 볼 때 대제사장의 뜰에 있던 숯불은 무엇이었는가? 우선 그것은 열을 발산하는 것이었고 베드로는 추위에 떨고 있었다. 예수님이 창피와 고통을 당하시고 있던 바로 그 시간에 베드로는 안락한 곳을 찾고 있었다. 또한 숯불 근처는 안전한 장소인 것처럼 보였다. 베드로는 종과 하속들과 함께 있었고 베드로를 알아보는 사람은 아무도 없는 것 같았다. 계집종 둘이 베드로에게 질문을 했지만 그럭저럭 넘어갈 수 있었다. 세 번째 질문을 던진 사람은 베드로가 귀를 잘라 버린 사람과 친척이 되는 자였다(요 18:26-27). 그는 예수님이 잡히시던 밤에 겟세마네 동산에 같이 있었는데, 아마 말고와 함께 있다가 모든 상황을 목격했던 것 같다. 베드로는 가장 강한 표현을 사용하여 아니라고 부인했다. 바로 그 때 예수님이 베드로를 돌아보셨고 곧바로 닭이 울었다. 그리고 가면무도회는 끝이 났다.

찰스 스펄전은 하나님은 당신의 자녀들이 성공적으로 죄를 범하도록 허락하지 않으신다고 말했다. 베드로는 자기가 옳다고 분명하게 증명했다. 그러나 자기를 숨기기 위한 시도에도 불구하고 베드로는 입을 열 때마다 자신의 비밀을 누설하는 결과를 가져왔다(마 26:73; 막 14:70). 결국 원수들의 숯불은 안전한 장소가 아니라 베드로가 숨기에 위험한 장소가 되고 말았다. 오직 하나님의 뜻 안에 거하는 것만이 안전하다. 그런데 베드로는 하나님의 뜻 안에 있지 않았다.

한편 갈릴리 바다의 해변에 피워놓은 숯불은 전혀 다른 경험이었다. 그것은 베드로가 함께 사역하는 형제들과 같이 있었기 때문이다. 불 속

에서 석탄을 꺼내놓으면 금방 추워져서 다시 불을 피워야 한다. 다른 제
자들을 뒤로 하고 엉뚱한 길로 갔을 때, 베드로는 홀로 떨어져 있는 석탄
이었다. 그래서 점점 추워지자 베드로는 다른 불을 찾지 않으면 안 되었
다. 더군다나 바닷가의 숯불 곁에는 주님이 함께 계셨다. 의심할 여지없
이 베드로는 예수님을 깊이 사랑했다. 예수님을 향한 사랑이나 믿음이
없어서 베드로가 실패한 것은 결단코 아니었다. 예수님이 사단의 공격을
경고했지만, 베드로는 보지 못했고 기도도 하지 않은 채 올가미에 그대
로 빨려 들어갔다. 베드로가 "근신하라. 깨어라. 너희 대적 마귀가 우는
사자 같이 두루 다니며 삼킬 자를 찾나니"(벧전 5:8)라고 기록한 데에는
그만한 이유가 있었다. 베드로는 잡아먹히지 않았다. 왜냐하면 닭이 사
자를 이겼기 때문이다. 그는 위험에 인접해 있었지만 결정적인 순간에
주님이 구출해 내셨다.

베드로는 주님을 사랑한다고 자랑했던 것을 기억했다
(요 21:15-17)

베드로는 "다 주를 버릴지라도 나는 언제든지 버리지 않겠나이다"(마
26:33)라고 호언장담했었다. "내가 주와 함께 죽을지언정 주를 부인하
지 않겠나이다"(마 26:35). 그 날 밤 베드로만 그런 것이 아니라 다른
제자들도 마찬가지였다. 따라서 예수님이 베드로의 마음을 꿰뚫어보기
시작하셨을 때, 사람들은 모두 송구스러운 마음을 가질 수밖에 없었다.
주님은 베드로를 향해 "요한의 아들 시몬아, 네가 이 사람들보다 나를 더
사랑하느냐?"(요 21:15)라고 물으셨다. 베드로가 다른 제자들을 의식하
여 큰 소리를 쳤기 때문에 "이 사람들보다"라는 표현은 아마도 "다른 제자
들"을 뜻하고 하신 말씀이었을 것이다. "다 주를 버릴지라도 나는 언제든
지 버리지 않겠나이다." 이 어부는 "하나님이여, 나는 다른 사람들 곧 토

색, 불의, 간음을 하는 자들과 같지 아니하고, 이 세리와도 같지 아니함을 감사하나이다"(눅 18:11)라고 기도한 교만한 사람의 모습과 다를 바가 없었다.

베드로는 사람들 앞에서 주님을 세 번이나 부인했고, 주님은 진실로 사랑하느냐고 세 번을 반복하여 물으셨다.[1] 무엇보다도 하나님의 종에게 있어 가장 중요한 요구 사항은 주님을 사랑하느냐 하는 것이다. 그것은 우리가 주님을 사랑하면 주님께 순종하는 것은 당연하기 때문이다. 우리는 성도들을 사랑하고 원수들을 사랑하며 잃어버린 영혼들과 이웃들을 사랑하는 것에 대해서 많은 이야기를 듣는다. 그러나 이 모든 것은 우리가 예수 그리스도를 사랑하면 저절로 흘러 넘치는 것이다. 그리스도를 깊이 사랑하는 목자는 하나님의 백성들을 사랑할 것이며, 사랑 안에서 하나님의 진실을 말할 것이다. 그들은 평화를 만드는 자들이지 문제를 일으키는 자들이 아니다. 그러나 가정의 평화를 지킨다는 이유로 진리와 타협하는 일은 없어야 한다. 1757년 존 뉴톤은 조지 횟필드(George Whitefield)에게 편지를 한 통 보냈는데, 그 중에 이런 대목이 있다:

오래 살면 살수록, 나는 우리의 비기독교적인 논쟁들 속에 스며들고 있는 허무한 죄로 가득 찬 것들을 더 많이 보게 됩니다. 그들은 신앙이 가지고 있는 생명력을 다 먹어치우고 있습니다....나는 복음에서 말하는 진리가 꾸며진 것이고 오류가 많다고 해도 그냥 받아들이겠습니다. 그러나 우리가 해야 할 일은 우리가 평안한 것을 찾고 겸손한 마음으로 가르침을 받을 수 있도록 하나님이 우리에게 능력을 주신다는 사실을 증거하는 일입니다. 다른 이들에게 내 뜻을 주입시키려 노력하는 것은 차라리 죄입니다....베드로가 제자의 자리에서 떨어졌다가 다시 회복된 후에, 우리의 사랑하는 주님이 그에게 물으셨습니다. 그 때 주님은 "너는 똑똑하냐? 어느 정도 배워서 능력 있는 설교를 할 수 있느냐?"라고 하시지 않았습니다. 또한 "너는 매사가 분명하고 건전하며 정통적이냐?"라고 묻지도 않으셨습니다. 주님은 단지 "네가 나를 사랑하느냐?"라고 물으셨습니다. 그 때 주님의 질문에 대한 베드로의 대답은 충분했습니다. 그렇다면 우리라고 그렇게 하지 못할 이유가 어디 있겠습니까?[2]

뉴톤의 충고를 잊어서는 안 된다. 훗날 우리는 그가 만든 위대한 찬송인 "나 같은 죄인 살리신"(찬송가 405장)을 같이 부르게 될 것이다.

우리는 하나님의 백성들을 사랑함으로 그리스도를 향한 우리의 사랑을 보여 줄 수 있다. 우리는 성숙한 양뿐만 아니라 어린 양들도 사랑해야 한다. 우리는 성숙한 양과 어린 양을 모두 먹여야 한다. 우리는 주님의 이름으로, 그리고 우리가 주님을 사랑하기 때문에 모든 양떼들을 돌보아야 한다. 모든 성도들은 모든 양떼와 모든 육체를 도울 수 있는 영적인 은사를 가지고 있다. 우리가 우리를 사랑하시고 우리를 위해 죽으신 선한 목자이시며 목자장이신 주님을 사랑한다면, 우리는 주의 백성들을 사랑하고 그들을 돌보게 될 것이다. 이렇게 살아가는 사람들은 자기들이 얼마나 주님을 사랑하는지 굳이 말할 필요가 없다. 왜냐하면 그들의 삶이 그 사실을 증명해 주기 때문이다.

예수님은 어부 베드로를 새롭게 부르셨다. 이제 그는 목자로서 섬기게 되었다. 예수님은 사역을 복잡하게 만들지 않으셨다. 주님은 베드로에게 효과적인 사역에는 균형이 필요하다는 사실을 보여 주셨다. 예수님은 우리가 죄인들을 구원하고 그들을 양육하여 성숙하게 만들어 가도록 우리를 도와 주신다. 주님은 베드로에게 "너는 돌이킨 후에 네 형제를 굳게 하라"(눅 22:32)고 당부하셨다. 이제 우리는 사역의 세 가지 그림을 그려야 한다. 그것은 고기를 잡는 일, 양떼를 먹이는 일, 그리고 하나님의 백성들을 강하게 하는 일이다. 이 일들을 하는 데 균형을 유지하는 자들에게 축복이 있기를 기원한다!

베드로는 십자가를 반대했던 것을 기억했다 (요 21:18-19)

예수님이 제자들에게 "너희는 나를 누구라 하느냐?"라고 물었을 때, "주는 그리스도시요 살아 계신 하나님의 아들이시니이다"(마 16:15-16)라고 대답한 사람은 다름 아닌 베드로였다. 이 말을 듣고 예수님은 모두들 예루살렘으로 올라갈 것이며, 거기서 주님은 사로잡혀 십자가에 달릴 것이고, 삼 일 만에 죽은 자 가운데서 살아날 것을 말씀하셨다. 바로 이 때 베드로가 주님의 계획을 반대하고 나섰다. 결국 반석이었던 베드로가 방해꾼 베드로로 전락한 것이다(마 16:21-28). 예수님은 베드로가 이 땅에 십자가 없는 왕국을 건설할 것을 이미 제한한 바 있는 사단의 손에 놀아나고 있음을 분명하게 지적하셨다(마 4:8-10). 예수님은 제자들을 가르치시며 누구든지 진실된 제자로 주님을 따르기를 원한다면 각자 자기 십자가를 져야 한다고 말씀하셨다.

베드로의 과거에 대해서 말씀하신 후 예수님은 대화의 초점을 베드로의 장래에 대한 문제로 바꾸셨다. 예수님은 이미 베드로와의 관계를 회복하셨고, 이제 베드로가 져야 할 십자가와 주님을 따르기 위해 치루어야 할 희생에 대해서 말씀하셨다(요 21:18-19). 베드로 역시 십자가를 져야 할 시간이 다가오고 있었다. 그러나 그의 죽음은 하나님께 영광을 돌리게 될 것이다. 한 찬송가 작가가 노년에 다음과 같이 고백했다:

> 내 주의 지신 십자가,
> 우리는 안질까?
> 뉘게나 있는 십자가,
> 내게도 있도다.
>
> 내 몫에 태인 십자가,
> 늘 지고 가리다.
> 그 면류관을 쓰려고,

저 천국에 가겠네.[3]
— 찬송가 365장 —

두 번째 편지에서 베드로는 자신의 죽음이 임박했음을 언급하면서(벧후 1:12-15), 죽음이란 "장막"을 내려놓는 것이며 "떠나는 것"(엑소도스)이라고 설명했다. 예수님이 모세와 엘리야와 더불어 장차 예루살렘에서 이루어질 주님의 죽으심(엑소도스)에 대해서 말씀하시던 변화산의 경험을 베드로는 마음에 떠올리고 있었을 것이다(눅 9:31). 베드로가 예수님께 주님과 두 예언자들을 위해서 초막 셋을 짓자고 제안했지만, 하나님은 베드로의 말을 가로막고 하나님의 아들의 말을 들으라고 말씀하셨다(마 17:4-8; 눅 9:33-36).

그리스도인들에게 있어서 죽음의 의미는 하나님이 우리가 잠시 사용했던 장막, 곧 육신을 내려놓게 하시고 우리를 영원한 영광스러운 몸으로 덧입게 하시는 것이다. 그것은 "하나님이 지으신 집 곧 손으로 지은 것이 아니요 하늘에 있는 영원한 집"(고후 5:1-5)이다. 바울은 하늘에 저택이 있다고 말한 것이 아니다. 바울이 강조하고자 했던 것은 믿는 자들의 영혼은 그 육체로부터 영원토록 떨어져 나가지 않는다는 내용이었다. 성도들은 그리스도와 같이 영광스러운 몸을 갖게 될 것이다. "몸을 떠난다는 것"은 곧 "주와 함께 거하는 것"(고후 5:6-9)이다. 따라서 그리스도인에게 있어서 죽음이란 육체적인 삶의 구속으로부터 벗어나 하나님이 계신 곳으로 옮겨가는 것을 의미한다.

예수님이 십자가에서 죽으실 것을 말씀하셨을 때, 베드로는 주님과 논쟁했던 과거를 회상하고 있었을까? 아마 그랬을 것이다. 그러나 한 가지 분명한 것이 있다. 주님이 베드로에게도 장차 짊어져야 할 십자가가 있음을 말씀하셨을 때, 베드로는 주님과 논쟁하려 들지 않았다. 예수님이 베드로에게 "나를 따르라!"(요 21:19)고 말씀하시자 베드로는 자리에서 일어나 주님을 따르기 시작했다. 실패했던 경험들을 포함하여 지난 날의 모든 사건들은 더 이상 베드로를 붙잡아 둘 수 없었다. 그것들은 이제 베드로를 안내하는 방향 지시기가 되었다. 드디어 주님과의 관계뿐만 아니라 사도직도 회복되었다. 예수님을 따르면서 베드로는 계속해서 기적들을 경험하게 될 것이다.

10

내게 있는 것을 네게 주노라

사도행전 3:1-10

제 구 시 기도 시간에 베드로와 요한이 성전에 올라갈쌔, 나면서 앉은뱅이 된 자를 사람들이 메고 오니, 이는 성전에 들어가는 사람들에게 구걸하기 위하여 날마다 미문이라는 성전 문에 두는 자라. 그가 베드로와 요한이 성전에 들어가려 함을 보고 구걸하거늘, 베드로가 요한으로 더불어 주목하여 가로되 우리를 보라 하니, 그가 저희에게 무엇을 얻을까 하여 바라보거늘, 베드로가 가로되 은과 금은 내게 없거니와 내게 있는 것으로 네게 주노니, 곧 나사렛 예수 그리스도의 이름으로 걸으라 하고, 오른손을 잡아 일으키니, 발과 발목이 곧 힘을 얻고 뛰어 서서 걸으며, 그들과 함께 성전으로 들어가면서 걷기도 하고 뛰기도 하며 하나님을 찬미하니, 모든 백성이 그 걷는 것과 및 하나님을 찬미함을 보고, 그 본래 성전 미문에 앉아 구걸하던 사람인 줄 알고, 그의 당한 일을 인하여 심히 기이히 여기며 놀라니라.

널리 알려진 종교적 신화와는 다르게, 예수님은 베드로에게 하늘의 열쇠를 주는 대신 그리로 들어오고 싶어 하는 사람들을 지키는 임무를 맡기셨다. 하늘 나라의 출입문은 절대로 닫히지 않을 것이다(계 21:15). 그리고 우리는 사도에 의해 허락을 받았기 때문이 아니라 주님을 믿는다는 이유로 그 곳에 들어갈 수 있다. 더 나아가, 베드로는 이 땅에서만 그 열쇠를 사용하라는 명령을 받았다. 하늘 나라에서는 결코 사용할 수 없었다. 베드로는 하나님의 말씀을 선포하며 유대인들(행 2)과 사마리아 사람들(행 8) 그리고 이방인들(행 10)의 믿음의 문을 열기 위하여 하나님 나라의 열쇠를 사용했다.

베드로는 하나님의 말씀을 선포했을 뿐만 아니라 기사와 이적을 행하기도 했는데, 그것은 그가 사도로 부름을 받았을 때 기적을 행하는 능력도 함께 받았기 때문이었다(히 2:1-4; 고후 12:12). 사도행전의 기록 가운데 베드로가 사도로서 행한 첫 번째 기적은 나면서부터 앉은뱅이였던 마흔 살 먹은 남자를 고쳐 준 것이었다(행 3:2; 4:22). 의사 누가에 의해 기록된 이 사건은 그리스도인들의 삶과 헌신을 위한 중요한 점들을 소개하며 우리로 하여금 주님의 길을 가도록 인도하는 흥미로운 사건이다.

베드로와 요한

신약성경에 기록된 것 가운데 베드로와 요한이 마지막으로 함께 길을 걸어간 것은 예수님이 베드로에게 "나를 따르라!"고 말씀하시고 제자의 일을 다시 시작하도록 하신 때였다(요 21:19). 베드로와 요한은 고기잡이를 하던 시절 동업자였었고 사도로 부름을 받은 것도 동시에 이루어졌다(눅 5:1-11). 십자가에 달리시기 전 유월절을 준비하라고 지시를 받은 사람도 베드로와 요한이었다(눅 22:7-13). 예수님이 부활하신 후 빈 무덤을 살펴보기 위해 베드로와 요한은 함께 달려갔다(요 20:1-10). 예수님이 두 사람씩 짝을 지워 파송하셨을 때, 주님은 베드로를 그 형제 안드레와 짝을 지워 주셨을 것이다(마 10:1-4). 그러나 이제 베드로는 요한과 더불어 비록 붙잡혀 옥에 갇히기는 했으나, 성전에 함께 들어가 도움을 필요로 하는 자를 돌보아 주었다.

베드로와 요한은 둘 다 고기 잡는 어부였고 가버나움에서 함께 일했다. 그래서 그들에게는 공통점이 많이 있었다. 그러나 그들은 성격상 많은 차이점이 있었다. 요한과 그 형제 야고보는 사마리아인의 한 마을을

멸하기를 소원했고(눅 9:51-56), 그래서 예수님은 그들에게 "우뢰의 아들"(막 3:17)이란 별명을 더하셨다. 그러나 일반적으로 우리는 요한이 그렇게 격동적인 사람이라고는 생각하지 않는다. 예수님을 따르기 시작했을 무렵, 그가 어떤 성격의 사람이었든지 간에 요한은 하나님의 은혜가 충만한 종으로 성숙했었다는 것은 의심의 여지가 없다. 요한은 "예수님의 사랑하는 자"(요 13:23; 19:26; 20:2; 21:7, 20)로 널리 알려지기 시작했다. 그리고 복음서와 편지들을 기록하면서 그는 버림받은 세상을 향한 하나님의 사랑과 우리가 "서로 사랑"해야 할 것을 강조했다. 요한은 삶에 있어서 시적이며 신비적인 모습을 지닌 조용한 사람으로 그려져 있다. 이것은 충동적이고 본능적인 성격의 시몬 베드로와는 분명히 차이가 나는 점이다.

분명히 예수님은 제자들을 모으시면서 다양한 남자들을 선택하셨다. 이 다양성은 인간의 육체와 같이 교회가 가지는 장점 가운데 하나이다(고전 12-14). 그리스도인들은 서로 어울려야 하고 일을 해도 함께 해야 한다. 그것은 각자 주어진 은사와 성격이 다르기 때문이라기 보다는 그리스도 안에서 모두 하나이기 때문이다. 자기와 비슷한 사람들과만 어울려 일하는 신자들은 영적으로 성숙해질 필요가 있다. 이 초자연적인 사건을 주도하고 대화를 이끌어간 사람은 베드로가 분명하지만, 요한도 역시 자기 자리를 지키며 기적의 현장에 함께 했다. 요한도 베드로와 함께 감옥에 붙들려 갔으며 재판정에도 함께 섰다. "두 사람이 한 사람보다 나음은 저희가 수고함으로 좋은 상을 얻을 것임이라"(전 4:9). 이들은 마치 하나인 것처럼 살았고 일도 같이 했다. 하나님의 백성들이 성령 안에서 함께 사는 것, 주님은 바로 이런 것을 은혜롭게 여기신다.

미묘한 경쟁 의식과 이기적인 마음이 교회 안에 침투하여 교회를 분열시키고 있다. 그로 인해 잃어버린 세상을 향한 우리의 증거는 점점 그 힘을 잃어 가고 있다. 불행한 일이다. 어떤 사람들은 "나는 바울에게, 나는 아볼로에게, 나는 게바에게...속한 자라"(고전 1:12) 하면서 인간적인 마음으로 지도자들을 따른다. 반면에 거룩하다 하는 자들은 하나님이 허락하신 지도력을 거부하고 오직 그리스도만을 따르겠다고 주장한다. 이런 것들은 오직 자기의 생각만을 고집하고 그리스도로부터 받은 것에 집착해 있음을 의미한다.

베드로와 요한은 서로 다른 성격의 소유자들이 한 마음으로 그리스도를 높이며, 성령에 의지하여 함께 노력하며, 어떻게 하면 함께 길을 가고 함께 일하며 주를 증거하는 일에 하나가 될 수 있는지를 보여 주는 강력한 표본이 된다.

옛 것과 새 것

유대인의 시간으로 제 삼 시는 아침 아홉 시이고, 제 육 시는 정오, 제 구 시는 오후 세 시가 된다. 베드로와 요한은 저녁 제사와 함께 드려지는 기도회에 참석하기 위해 성전으로 올라갔다. 그들은 예수 그리스도에게 속해 있었고 내주하시는 성령과 함께 하는 자들이었지만, 성전에서 드려지는 유대인들의 예배에도 계속해서 참석하고 있었다. 하나님은 어느 장소에서 드려지는 예배이든 모두 받아 주셨다. 그리고 성전 안에 있는 무리들은 사도들이 복음을 증거할 수 있도록 적잖은 기회를 제공하고 있었다.

초대 교회는 박해로 인해 밀려날 때까지 성전이나 회당과 분리되지 않았다. 이 땅에서 계획하신 것을 이루고자 하실 때, 주님은 과거로부터 갑작스럽게 단절시키는 것이 아니라 일반적으로 점차적인 변화를 주도해 나가신다. 이스라엘 백성들의 출애굽 사건도 돌발적인 사건으로 보이지만 사실은 그 전부터 몇 주간에 걸쳐 애굽에 하나님의 심판이 임하고,

동시에 하나님의 백성들을 특별히 준비시킨 다음에 이루어진 것이었다. 사도들은 예루살렘에 머물며 거기서 주님의 복음을 증거하기 시작하라는 명령을 받았다. 훗날 그 복음은 사마리아인들과 이방인들에게 전해졌다. 그리고 점차적으로 안디옥에 있는 교회는 예루살렘 교회에 이어 복음을 전파하는 두 번째 기지로 발전했다. 이런 일들이 한꺼번에 이루어진 것은 아니었다.

예수님은 이미 복음이라는 새 포도주를 유대교라는 낡은 가죽 부대에 넣을 수 없다는 것을 분명히 밝히신 바가 있었다(눅 5:36-29). 그러나 이런 변화가 나타나려면 시간이 필요하다. 베드로와 요한은 자유롭게 성전에 출입할 수 있었다. 그러나 사도행전 21장과 22장에 보면 성전 안에 있는 무리들이 바울을 죽이려 했고, 군인들은 성전 밖으로 바울을 끌어낸 후 성전 문을 닫아 버렸다. 옛 체제의 종교가 변화를 거부한 채 새로운 복음의 내용과 능력을 받아들이고자 한다면 결국은 둘 다 무너지고 말 것이다. 기독교 신앙은 단지 유대교에 속한 또 하나의 종파가 되기 위해 만들어진 것이 아니었다. 왜냐하면 베드로가 법정에서 증언한 것처럼, 다른 이로서는 구원을 얻을 수 없나니, 천하 인간에 구원을 얻을 만한 다른 이름을 우리에게 주신 일이 없기 때문이다(행 4:12).

오늘날 교회들은 하나님이 질서 가운데 변화가 이루어지고 변화 가운데서도 질서가 유지되기를 원하신다는 점을 잊어버리고 있는 것 같다. 교회가 단순히 변화를 위해 변화를 추구한다면, 교회는 단지 하나의 새로운 발명품으로 전락할 것이며 주님을 증거하는 일도 약화되고 말 것이다. 그러나 교회가 타협하지 않고 사람들의 요구와 생각에 부응할 때, 변화는 성령의 역사를 드러내는 효과적인 도구가 된다. 초대 교회는 복음의 내용과 예배에 있어서, 그리고 기도하고 성령에 의지하는 일에 있어서 결코 흔들리지 않았다. 오히려 초대 교회는 복음이 이방 세계로 확대됨에 따라 조직을 변경했고(행 6:1-6) 사역의 방향을 수정했다. 하나님의 백성들이 성령 안에서 행한다면 예배의 형태와 음악의 형식에 있어서 세대 간의 갈등을 겪어야 할 이유가 없다.

하나님의 말씀과 기도

대부분의 사람들은 베드로를 말씀의 선포자라고 간주한다. 실제로 그렇다. 그러나 사도들이 복음을 강력하게 증거할 수 있었던 비밀은 전적으로 기도에 의지했기 때문이었다. 베드로는 오순절 설교를 위하여 열흘 동안 기도하는 시간을 가졌었다. 사도행전에는 기도에 관한 내용들이 거의 삼십 차례나 언급되어 있다. "우리는 기도하는 것과 말씀 전하는 것을 전무하리라"(행 6:4)는 말처럼, 베드로는 교회의 지도자들이 우선해야 할 것이 무엇인지를 분명히 밝히고 있다. 기도하고 하나님의 말씀을 받았기 때문에 그들은 성령으로 충만해져 있었고 복음을 효과적으로 증거할 수 있었다.

주님이 말씀과 기도를 하나로 묶어 주셨기 때문에, 우리가 성령의 강력한 두 가지 도구를 감히 분리할 수 없다. "사람이 귀를 돌이키고 율법을 듣지 아니하면 그의 기도도 가증하니라"(잠 28:9). 말씀을 통해 하나님은 우리에게 말씀하시고, 깨달음을 주신다. 그리고 기도를 통해 우리는 하나님께 말씀드리고, 능력을 받는다. 기도 없이 말씀을 받는 것은 능력 없이 빛을 받는 것과 같다. 반면에 말씀 없이 기도하는 것은 빛이 없는 능력을 의미한다. 그것은 지식 없는 열심을 만들어 낼 뿐이다. 균형을 유지하는 이들에게 축복이 있기를 기원한다.

예수님은 제자들에게 "너희가 내 안에 거하고 내 말이 너희 안에 거하면 무엇이든지 원하는 대로 구하라. 그리하면 이루리라"(요 15:7)고 말씀하셨다. 이스라엘 백성을 위해 일하면서, 모세는 먼저 예배와 기도를 통해 하나님을 만난 다음, 하나님으로부터 받은 말씀을 백성들에게 전해 주었다. 사무엘 역시 이와 같은 방법을 사용했다. "나는 너희를 위하여 기도하기를 쉬는 죄를 여호와 앞에 결단코 범치 아니하고 선하고 의로운 도로 너희를 가르칠 것인즉"(삼상 12:23)이라고 사무엘은 말했다. 우리는 다니엘의 삶(단 9:1-3)과 심지어는 주님의 생애(막 1:35-39) 가운데서도 이와 같은 모습을 발견할 수 있다. 바울은 에베소 교회의 장로들에게 다음과 같이 말했다: "지금 내가 너희를 주와 및 그 은혜의 말씀에 부탁하노니〔주님께 기도하노니〕, 그 말씀이 너희를 든든히 세우사 거룩케 하심을 입은 모든 자 가운데 기업이 있게 하시리라"(행 20:32).

"사람들이 성경을 통해 하나님이 말씀하시는 것에 주의를 기울이지 않으면, 하나님은 사람들이 기도를 통해 무엇을 말하는지 관심을 기울이지 않으신다." 이 말은 청교도 작가였던 윌리엄 그루날(William Grunall)이 삼백 년 전에 한 것으로 오늘 우리에게도 그대로 적용된다.

정기적인 것과 특별한 것

베드로가 기도하기 위해 성전에 올라간 것은 유대 남자라면 정기적으로 치러야 하는 일정 가운데 하나였다. 그러나 앉은뱅이 거지에게 기적을 행한 것은 새롭고 뜻밖의 사건이었다. 인생이란 정기적인 것과 우연한 것으로 만들어진다. 그리고 훈련받은 신자라 할지라도 하루가 어떻게 진행될지 예측할 수는 없다. "모든 것을 적당하게 하고 질서대로 하라"(행 14:40)는 말씀처럼 우리의 삶에는 규칙적인 것들이 있어야 한다. 정상적인 것들은 우리가 비정상적인 것들을 준비하는 데 도움이 된다. 그러나 우리는 우리를 위하여, 또 우리를 통해서 주님이 하시고자 하는 놀라운 일들에 대해서도 마음을 열고 있어야 한다. 모세는 떨기나무 불꽃을 보리라고는 전혀 예상하지 못했지만, 이로 인해 그의 인생의 방향이 바뀌었다. 다윗은 사울의 군대로 나가 있던 형들을 위해 음식 꾸러미를 가지고 갔다가 하나님이 자기를 선택하여 거인을 물리치도록 계획하셨다는 사실을 발견했다. 이사야는 성전에 제사하러 올라갔다가 선지자로 부름 받았음을 깨달았다. 성도들이 믿음 안에서 유일하게 예측할 수 있는 것은 아무 것도 예측할 수 없다는 것이다!

성전 미문은 실제로 여러 남자가 열고 닫아야 할 정도의 크고 화려하게 장식된 이중문으로 되어 있다. 그것은 이방인의 뜰에서 여인들의 뜰로 들어가는 경계에 자리잡고 있다. 문 앞은 구걸하기에 이상적인 장소였기 때문에 힘없는 앉은뱅이는 매일 같이 그 곳에 자리를 잡고 있었다. (가난한 자에게 자선을 베푸는 것은 유대인들의 제사에 요구되는 것들 가운데 하나였다.) 앉은뱅이에게 그 날은 "특별한 날"이었다. 그는 가능한 한 불쌍하게 보이려고 애쓰며 하루 종일 길 옆에 앉아 구걸했다. 친구가 와서 자기를 집에 데려다 줄 때까지 꼼짝할 수 없는 신세였다. 그는 그 날이 뭔가 특별한 하루가 될 것이라고는 꿈도 꾸지 못했다. 그러나 그 날은 정말로 특별한 날이었다!

우리는 하나님이 우리를 위해 하시고자 하는 새로운 일에 마음을 열고 있어야 한다. 평범하게 시작되는 일상적인 하루가 기적에 의해 바뀌어질 수도 있다. 그래서 정기 당회가 미문의 경험을 가져올 수 있으며 정기 기도 모임에서 놀라운 일이 일어날 수도 있다!

무리와 개인

앉은뱅이를 만나기 얼마 전 베드로는 유대인들과 유대교로 개종한 수많은 사람들 앞에서 설교했다. 그 날 설교를 들은 자 가운데 삼천 명이 회개하고 그리스도게로 돌아왔다. 주님은 하루 만에 평범한 어부를 능력 있는 전도자로 변화시킨 것이다. 그러나 이제 베드로는 가난한 거지에게 애정 어린 관심을 갖게 되었다. 설교자라고 해서 언제나 대중들만을 상대하는 것은 아니다. 그러나 한 개인을 상대하기에는 시간이 없다고 말하는 설교자들이 적지 않다.

예수님이 세상 가운데 계셨던 동안에 제자들은 도움을 필요로 하고 있는 개인을 향해 관심을 기울이시는 예수님을 자주 목격할 수 있었다. 예수님은 자기를 따르는 무리들에게 말씀을 전하신 후, 무리들이 있는 곳을 벗어나 더러운 문둥병자와 로마 군인의 하인을 직접 만나 보살펴 주셨다(마 8:1-13). 주님은 사마리아 여인을 도와 생수를 찾게 해 주셨고(요 4:1-14), 세리 삭개오와 이야기를 나누신 후 구원의 선물을 제시하셨다(눅 19:1-10). 십자가에서 죽어가시면서도 예수님은 유죄 판결을 받은 강도를 하나님 나라로 인도하셨다.

그러나 제자들은 언제나 예수님께 도움을 청하러 오는 사람들의 요구에 민감하지 못했다. 제자들은 한 번 이상씩 예수님이 하시고자 하는 일들을 가로막았다. 그들은 어린아이들을 데리고 오는 부모들을 예수님께 가까이 오지 못하게 저지했고(막 10:13-16), 굶주려 있는 사람들에게 먹을 것을 주는 대신 그냥 돌려보내자고 제안하기도 했다(마 14:15). 가나안 여인이 귀신들린 딸을 고쳐 달라고 간청했을 때, 제자들은 "그 여자가 우리 뒤에서 소리를 지르오니 보내소서"(마 15:23)라고 말했다. 사람들이 골칫거리일 수 있다. 그러나 성가신 사람이라 할지라도 기적을 만들어 내는 장본인이 될 수 있고, 우리 주변에 문제가 되는 사람들 중에는 우리가 가지고 있는 문제의 해답을 줄 수 있는 이들도 있다.

사업가들이 회사를 경영하듯 계획을 세우고 점검을 해야 하나님의 역사가 이루어지는 것이 아니다. 수많은 대중들 앞에서 말씀을 선포하여 수천 명의 회심자를 얻어야 할 시간에 베드로는 왜 거지 한 사람과 아까운 시간을 소비했는가? 그것은 주님께는 한 영혼이 중요하기 때문이다.

그리고 그것은 잃어버린 양 한 마리를 찾으시기 위해 예수 그리스도가 보여 주신 바로 그 일이었다. 우주 만물의 창조주는 땅에 떨어지는 참새 한 마리에도 주의를 기울이시는데(마 10:29-31), 우리가 힘없이 땅 바닥에 쓰러져 있는 거지에게 관심을 기울이는 것은 당연하지 않겠는가? 그 거지를 돌보아 줌으로 베드로는 또 다른 무리들에게 설교할 기회를 얻었고, *오천 명이 예수님을 믿게 되는 결과를 얻게 되었다!*(행 4:4) 예수 그리스도의 교회는 한 번에 한 사람씩 세상을 변화시켜 나가고 있다. 따라서 우리를 대중들 앞으로 인도해 주는 한 사람의 능력을 과소 평가해서는 안 된다.

인간과 하나님

주님은 앉은뱅이가 집에 있을 때 집에서 그를 고칠 수도 있었다. 그러나 주님은 치료하는 도구로 베드로를 사용하셔서 예수 그리스도와 복음의 능력으로 기적이 일어난 것임을 보여 주기를 원하셨다. 사람의 몸이 변화되는 것은 예수 그리스도의 이름에 영광이 되는 것이고, 동시에 베드로에게는 구세주에 관하여 사람들에게 전파할 수 있는 기회가 된다. 사도들이 행한 모든 기적들은 예수님이 살아 계시고 백성들과 함께 하고 있다는 것을 증명하는 것이다. "제자들이 나가 두루 전파할쌔, 주께서 함께 역사하사 그 따르는 표적으로 말씀을 확실히 증거하시니라"(막 16:20).

"예수의 이름으로"라는 표현은 사도행전 3장에서 5장 사이에 계속해서 반복되는 구절 가운데 하나이다. 또한 그것은 예수님이 누구시며 무슨 일을 하고 있는지를 보여 주는 암호와 같은 말이다. "예수의 이름으로"라는 말은 종교적인 마법의 형태로 사용된 것이 아니라 예수님의 능력 안에 있는 믿음을 강조하는 표현으로 사용되어졌다. 베드로가 예수 그리스도의 이름을 믿는 믿음을 가지고 있었기 때문에 하나님은 그 거지를 고쳐 주셨다(행 3:6). 베드로는 사람들에게 자기와 요한이 기적을 행한 것이 아니라 종교 지도자들이 십자가에 못박은 예수님이 행하신 것이라고 말했다(행 3:12-16). 공회에 참석했던 사두개인들은 부활을 믿지 않았기 때문에 베드로와 요한의 입을 막으려고 노력했다(행 4:1-3). 그러나 두 사도들은 부활하신 그리스도를 증거하는 일을 멈출 수 없다는 점을 분명히 했다(행 3:17-20).

하나님은 세상을 창조하실 때 그 누구의 도움도 필요로 하지 않으셨다. 그러나 에덴 동산에 아담을 두시면서 하나님은 그에게 할 일을 지정하셨다(창 2:5, 15). 하나님은 천사들을 사용하실 수도 있었지만, 하나님의 형상을 따라 만들어진 남자와 여자를 택하시고, 그들에게 하나님이 만들어 놓으신 것들을 지키게 하셨다. 과학은 단순히 하나님의 뜻을 생각하며 인류의 선을 위하여 하나님이 우주 안에 만들어 놓으신 원리들을 수행하는 방법을 배우는 것이다. 하나님이 세우신 원리들과 뜻을 같이하면 무엇이든 세울 수 있고 거역하면 멸망당할 것이다.

따라서 우리들은 추수를 위해 밭을 갈든지, 물을 얻기 위해 우물을 파든지, 혹은 굶주린 자들에게 먹을 것을 주든지, 일을 잘 해내기 위해서 하나님과 함께 일해야 한다. 일을 끝내시는 하나님, 즉 앉은뱅이를 치료하시는 바로 그 하나님은 그 일을 끝내기 위한 수단도 지정하신다. 거기에는 사도 베드로의 열정과 믿음 그리고 그의 두 손과 목소리도 포함되어 있었다. 성전 미문에 있던 앉은뱅이는 좋은 소식을 전하는 아름다운 발을 가진 낯선 사람들을 만났다(사 52:7)! 능력은 하나님께 있었지만 그것이 전달되는 통로는 평범한 거지에게 예수님을 소개하고자 하는 마음으로 시간을 투자하는 사람들이었다.

만약 오늘 하나님이 누군가에게 말씀을 하시려 한다면 하나님은 인간의 목소리와 펜을 사용하실 것이다. 주님은 사람들의 눈물과 희생을 통하여 당신의 사랑을 나타내 보이시며 사람의 손과 마음을 통하여 필요한 것을 채워 주신다. 우리가 우리 자신과 우리가 가지고 있는 것들을 주님께 맡기고 주님이 우리에게 허락하시는 기회에 민감하게 반응한다면, 우리도 하나님의 능력을 체험할 수 있을 것이다. 동시에 우리는 하나님께 영광이 되는 위대한 일을 행하시는 주님의 역사를 볼 수 있을 것이다.

얻을 것과 줄 것

제자가 되는 일에 관하여 예수님과 말씀을 나눈 후 젊은 부자 관원은 낙심하여 슬픈 기색을 하고 돌아갔다(마 19:16-22). 그러자 베드로는 지체하지 않고 예수님께 말씀드리기를, "우리가 모든 것을 버리고 주를 좇았사오니, 그런즉 우리가 무엇을 얻으리이까?"(19:27)라고 했다. "내가 무엇을 얻으리이까?"라는 것은 희생을 해야 하는 상황에서 대부분의 사람들이 던지는 질문이다. 그러나 성전 미문에서 베드로는 앉은뱅이에게 "은과 금은 내게 없거니와 내게 있는 것으로 네게 주노니"(행 3:6)라고 말했다. 베드로는 "내가 얻을 것은 무엇인가?"로부터 "내게 있는 것은 무엇이든 네게 주노라!"는 성숙한 단계에 이르기까지 실로 먼 길을 걸어온 것이다.

"우리가 무엇을 얻을까?"라는 베드로의 질문은 열두 제자들은 언제나 영적이며 영원한 가치에 대해서는 관심이 없었다는 것을 상기시켜 준다. 그리고 이것은 주님을 근심되게 했을 것이다. 천국에서 누가 가장 큰 자가 될 것인지를 놓고 제자들은 논쟁을 벌이기도 했었다. 이것은 예수님이 십자가에서 죽으실 것을 말씀하신 후에 곧바로 불거져 나온 문제였다. 그들은 주님을 해치려는 자들로부터 예수님을 보호하려고 노력했다. 그것은 이런 일들도 필요하다는 것을 제자들이 미처 깨닫지 못했기 때문이었다. 그들은 문을 열고 사람들을 주님께로 초청하는 대신에 담을 쌓고 사람들로부터 스스로 떨어져 나갔다.

예수님은 "삼가 모든 탐심을 물리치라. 사람의 생명이 그 소유의 넉넉한 데 있지 아니하니라"(눅 12:15)고 말씀하셨다. 사도 바울은 복음서에 기록되지 않은 주님의 말씀을 인용하여, "주는 것이 받는 것보다 복이 있다"(행 20:35)라고 말했다. 받는 것은 복이 있다. 그러나 받은 것을 나누는 자에게는 더 큰 복이 임한다. 베드로는 돈을 가지고 있지 않았기 때문에 거지에게 돈을 줄 수는 없었다. 그리고 어쨌거나 돈으로는 거지가 정말로 원하고 있는 것을 충족시키지 못했을 것이다. 베드로는 은이나 금보다 더 좋은 것을 가지고 있었다. 베드로가 가지고 있던 것은 다름 아닌 사람의 인생을 바꿀 수 있는 예수 그리스도의 능력이었다.

실제로는 곤고하고 가련하며 가난하고 눈이 멀었으며 벌거벗었음에도 불구하고, "나는 부자라. 부요하여 부족한 것이 없다"(계 3:17)고 자랑하는 라오디게아 교회의 교인들과 같은 신자들이 너무나 많다. 우리들은 "심령이 가난한 자"(마 5:3)가 하나님의 나라를 기업으로 얻고, 영적인 면에서 부자가 될 것이며, 예수님이 가난한 자들을 들어 부자가 되게 하신다(고후 8:9)는 사실을 망각한 채 살아가고 있다. "가난한 자 같으나 많은 사람을 부요케 하고, 아무 것도 없는 자 같으나 모든 것을 가진 자로다"(고후 6:10)라는 말씀은 그리스도인들의 섬김에는 역설적인 면이 있다는 것을 보여 준다.

모든 것을 버리고 예수님을 따르면서 무엇을 얻었느냐고 묻는다면 베드로는 이렇게 대답할 것이다: "그의 신기한 능력으로 생명과 경건에 속한 모든 것을 우리에게 주셨으니 이는 자기의 영광과 덕으로써 우리를 부르신 자를 앎으로 말미암음이라"(벧후 1:3).

우리가 무엇을 더 바랄 수 있겠는가?

인기와 핍박

앉은뱅이가 기적적으로 치료되었다는 것을 의심하는 자는 아무도 없었다. "뛰어 서서 걸으며 그들과 함께 성전으로 들어가면서 걷기도 하고 뛰기도 하며 하나님을 찬미하니"(행 3:8; 사35:6 참조)라는 말씀은 그 당시의 상황을 잘 보여 준다. 그 결과 사람들이 모여들고 베드로의 설교에 주의를 기울이기 시작했다. 산헤드린 공회원들마저도 "이 사람들을 어떻게 할꼬? 저희로 인하여 유명한 표적 나타난 것이 예루살렘에 사는 모든 사람에게 알려졌으니, 우리도 부인할 수 없는지라"(행 4:16)고 말할 정도였다. 성전 뜰에서 당당하게 이루어지고 있는 기적을 부인할 수 있는 사람은 아무도 없었다.

그러나 천사와 영, 혹은 부활과 관계된 것은 무엇이든 부인하는 사두개인들 같이 기적이 필요하다는 것을 모르는 자들이 있었다. 기적이 일어나는 것은 그들에게 위협이 되었다. 그들이 관심을 갖는 것은 나사렛 예수는 이미 죽었는데, 예수의 멍청한 제자들이 그 시신을 도둑질하여 감추어 버렸다고 하는 정도였다. 사두개인들은 베드로와 요한을 체포하여 밤새도록 감옥에 가두어 버렸다. 추측컨대 앉은뱅이였다가 고침받은 사람도 같이 가두었을 것이다. 우선 그들은 기적을 감옥에 가두었고, 다음에는 기적을 통해 전해지는 말씀에 마음을 닫아 버렸다. 그들의 신학은 눈이 멀었으며 종교적 신앙은 죽은 시체와 같았다. 가난한 앉은뱅이에게, 아니 어느 누구에게도, 사두개인들이 줄 수 있는 것은 아무 것도 없었다.

베드로와 요한이 체포된 것은 지금까지 계속되고 있는 박해의 시작이었다. 그들은 수백만의 성도들로부터 자유와 심지어는 생명까지도 빼앗아 갔다. 예수님은 다락방에서 제자들에게 "사람들이 내 이름을 인하여 이 모든 일을 너희에게 하리니, 이는 나 보내신 이를 알지 못함이니라"
(요 15:21)고 말씀하셨다. 만약 베드로가 앉은뱅이에게 말하기를, "아
브라함과 모세와 다윗 왕의 이름으로 일어나 걸으라!"고 했다면, 산헤드
린 공회원들도 무엇이라고 하지는 않았을 것이다. 그러나 베드로는 예수
님의 이름을 사용했고, 그로 인해 박해의 불꽃이 당겨지는 결과를 가져
왔다. 낯선 자에게 우리는 침례 교인이나 장로 교인, 아니면 무신론자라
고 말해 보라. 그러면 아무 문제없이 대화가 진행될 것이다. 그런데 그리
스도인이라고 말해 보라. 그러면 차가운 침묵이나 아니면 열띤 공박에
직면할 것이다. 그러나 걱정할 것은 없다. 박해를 받고 있는 성도들에게
베드로가 한 말을 기억하면 된다:

> 사랑하는 자들아, 너희를 시련하려고 오는 불 시험을 이상한 일 당하는
> 것 같이 이상히 여기지 말고, 오직 너희가 그리스도의 고난에 참예하는
> 것으로 즐거워하라. 이는 그의 영광을 나타내실 때에 너희로 즐거워하
> 고 기뻐하게 하려 함이라. 너희가 그리스도의 이름으로 욕을 받으면 복
> 있는 자로다. 영광의 영 곧 하나님의 영이 너희 위에 계심이라.
>
> (벧전 4:12-14)

베드로와 바울

앉은뱅이가 일어나는 사건을 묵상하면서 우리는 베드로와 요한을 생각
했다. 이 기적이 일어날 때 사도 바울은 그 현장에 있지도 않았고, 신자도
아니었지만, 그렇다 할지라도 그를 도외시할 수는 없다. 사건이 일어난
현장으로 바울을 불러들인다면, 우리는 사도행전이라고 하는 큰 그림을
더 잘 이해할 수 있을 것이며, 나아가 오늘날 교회가 어떠해야 하는지를
밝히 알 수 있을 것이다.

성령께서 의사 누가에게 사도행전을 기록하게 했을 때, 주님은 몇 가

지 목적을 마음에 담고 계셨다. 누가는 영감을 받아 예수님이 이 땅에서의 삶과 사역을 통해 보여 주셨고, 가르치셨던 내용들을 누가복음에 정확하게 기록했다(눅 1:1-4; 행 1:1-2). 누가복음은 "두 도시의 이야기"이다. 누가는 예수님을 베들레헴에서 예루살렘으로 모셔 올렸다(눅 9:31, 51-53; 13:22, 33; 17:11; 19:11, 28). 사도행전에서 누가는 이야기들을 한층 발전시켰고, 교회가 예루살렘으로부터 유다로, 사마리아로, 그리고 로마를 포함하여 땅 끝까지 어떻게 진출했는지를 소개했다(행 1:8).

사도행전에 담겨 있는 두 번째 목적은 팔레스틴에서 초라하게 시작한 교회가 성장한 모습을 설명하는 것이다. 누가는 이 교회 성장의 현상을 보여 주는 최소한 열 개 정도의 "요약된 진술서"를 제시하고 있다(2:41, 47; 4:4; 5:14; 6:7; 9:31; 11:24; 16:5; 19:20). 초대 교회는 오늘날 우리들이 사용하는 것과 같은 통신이나 의사 소통 수단이 전무했다. 그러나 그들은 로마 제국을 정복했다. 비결이 무엇이었는가? 누가는 이에 대해 하나님의 말씀, 기도, 성령의 능력 그리고 고난과 죽음 앞에서도 하나님의 뜻에 복종하는 것이라고 전하고 있다.

세 번째 목적은 어디에 있었는가? 교회의 역사적인 사건들을 소개하면서 누가는 어느 곳에서도 로마 백부장이나 관리들에 대해서 비판적인 언급을 피하고 있다. 누가는 바울의 로마 시민권에 대해서 언급했고, 또한 팔레스틴에 주둔했던 로마 관리들은 바울에게 해를 끼치지 않았으며, 만약 바울이 가이사에게 항소하지 않았다면 석방시키려 했었다는 것을 언급했다. 그리스도인들은 로마 제국 안에서 말썽을 일으키는 일이 없었기에, 사도행전은 로마 제국 내 어디서든 읽혀질 수 있었을 것이다. 말하자면 사도행전은 로마 정부에 무력적으로 대항하고 있다는 그릇된 비난으로부터 바울과 교회를 보호하는 변증적인 책이다.

그러나 사도행전이 기록된 네 번째 목적은 성전에서 앉은뱅이를 치료한 베드로의 기적을 소개하는 데 맞추어져 있다. 성령은 누가로 하여금 베드로의 이야기를 책의 제 1부(행 1:-12:)에, 그리고 바울의 이야기를 책의 제 2부(행 13:-28:)에 기록하도록 역사했다. 그러나 누가는 어느 경우에도 베드로의 것을 바울에게 돌리거나 반대로 바울의 것을 베드로에게 돌리지 않았다. 그러나 슬프게도 이들 두 위대한 지도자들을 놓고 초대 교회 교인들 사이에 분열이 생겼다(고린도 교회를 예로 들 수 있다. 고전 1:10-17 참조). 이러한 분열은 교회 안에 문제를 야기시켰다. 누가가 기록한 감동적인 역사를 읽다 보면, 베드로와 바울의 사역에 유사점이 있음을 발견할 수 있다:

● 두 사람 모두 나면서부터 다리를 저는 사람을 고쳐 주었다(행 3:1-8; 14:8-12)
● 그들은 사단의 앞잡이를 처리해야 했다(8:18-24; 13:4-12)
● 그들은 감옥에서 기적적으로 구출되었다(12:1-10; 16:25-29)
● 그들은 죽은 자를 일으켜 세웠다(9:36-42; 20:7-12)
● 그들은 특별한 기적을 행할 것을 요청받았다(5:15-16; 19:11)
● 그들에게 하늘로부터 놀라운 환상을 받았다(10:9-16; 9:1-8)

성령님은 초대 교회를 비롯하여 어떠한 교회도 하나님의 선택받은 종이라고 스스로 치부하며 다른 교회 위에 올라서는 것을 용납하지 않는다. 베드로와 바울은 똑같은 주님을 영접하여 회심한 자들이었다. 그들은 설교하거나 가르치는 내용에 있어서도 다를 바가 없었다. "바울의 신학"에 모순이 되거나 의문을 제기하는 "베드로의 신학"은 존재하지 않는다. 두 사람 모두 같은 성령으로 충만해졌고, 예수님에 관해서도 동일한 진리를 선포했다. 실제로 베드로는 선포하는 말씀의 내용에 있어서 바울과 차이가 없음을 두 번째 편지의 마지막 부분에 분명히 밝히고 있다(벧후 3:14-18).

앉은뱅이를 일으키는 기적에서 우리가 기억해야 할 것은 이 사건을 통해 베드로가 영적으로 성장했다는 사실이다. 그는 "우리가 얻을 것은 무엇인가?"에서 "내게 있는 것으로 네게 주노라!"로 발전했다. 그는 받는 것보다 주는 것으로 인해 더 많은 축복을 받을 수 있다는 것을 발견했던 것이다.

11
그림자

사도행전 5:12-16

사도들의 손으로 민간에 표적과 기사가 많이 되매, 믿는 사람이 다 마음을 같이 하여 솔로몬 행각에 모이고, 그 나머지는 감히 그들과 상종하는 사람이 없으나 백성이 칭송하더라. 믿고 주께로 나오는 자가 더 많으니, 남녀의 큰 무리더라. 심지어 병든 사람을 메고 거리에 나가 침대와 요 위에 뉘이고, 베드로가 지날 때에 혹 그 그림자라도 뉘게 덮일까 바라고, 예루살렘 근읍 허다한 사람들도 모여 병든 사람과 더러운 귀신에게 괴로움받는 사람을 데리고 와서 다 나음을 얻으니라.

오래 전 성경의 땅에서 살았던 자들은 현대인들보다 그림자에 더 많은 관심을 가지고 있었다. 우리는 단순히 벽이나 손목에 있는 시계를 힐끗 쳐다보지만, 그들은 그림자를 가지고 시간을 말했다(왕하 20:9-10). 태양이 가장 높은 곳에 있을 때, 우리는 에어컨을 켜지만 고대 동방 사람들은 그림자 안의 시원한 곳을 찾았다. 고대인들은 그림자가 위험과 재난을 피할 수 있다는 것을 알고 있었다. 그러나 우리가 하는 일은 전등을 켜거나 회중 전등을 비추는 것이다. 만약 이상한 사람이 집에 접근하면 방범등이 자동으로 들어온다. 동방 사람들은 인생이 짧고 신속하다는 개념을 그림자를 빗대어 말했다. 시편 기자는 "내 날이 기울어지는 그림자 같고 내가 풀의 쇠잔함 같으니이다"(시 102:11)라고 했다. 그리고 욥은 고난을 받으면서 "여인에게서 난 사람은 사는 날이 적고 괴로움이 가득하며 그 발생함이 꽃과 같아서 쇠하여지고 그림자 같이 신속하여서 머물지 아니하거늘"(욥 14:1-2)이라고 탄식했다. 물론 세상에서 가장 안전한 장소는 "지존자의 은밀한 곳"(시 91:1)이다. 다윗은 "내 영혼이 주께로 피하되 주의 날개 그늘 아래서 이 재앙이 지나기까지 피하리이다"(시 57:1)라고 했다. 그가 말하고자 했던 것은 지극히 거룩한 곳에 있는 천사의 날개였다.

그런데 성경에서 그림자가 가장 특이하게 다루어지고 있는 것은 사도행전 5장 15절 말씀이다. "심지어 병든 사람을 메고 거리에 나가 침대와 요 위에 뉘이고, 베드로가 지날 때에 혹 그 그림자라도 뉘게 덮일까 바라고, 예루살렘 근읍 허다한 사람들도 모여 병든 사람과 더러운 귀신에게 괴로움 받는 사람을 데리고 와서 다 나음을 얻으니라"(행 5:12-16). 치료하는 그림자를 가지고 있다고 상상해 보라.

손으로 만질 수 없는 것

그림자란 빛이 비치는 곳에 단단한 물건이 있으면 만들어진다. 우리는 그림자를 볼 수 있고 그 길이와 너비도 잴 수 있다. 그러나 그것을 느낄 수는 없으며, 무게를 재거나 그 두께가 얼마나 되는지는 측량할 수 없다. 또한 그림자를 만질 수 없다. 우리가 "나에게는 의심의 그림자가 없다"라고 말할 때 그것은 오류에 빠지기 쉬운 사람이지만 분명한 확신을 갖게 되었다는 의미이다. 하나님은 손에 잡을 수 없는 베드로의 그림자를 사용하셔서 손에 잡을 수 있는 분명한 결과들을 만들어 내셨다.

그러나 주님이 하신 일인가? 병든 자들이 실제로 치료된 것인가? 아니면 일반적으로 단지 미신적인 믿음을 보여 주고 있는 것인가? 성경은 병든 자들이 치료받았다고 단언해서 말하지 않는다. 그러나 이야기가 전개되어지는 과정을 볼 때 실제로 기적이 일어났음을 짐작할 수 있다. 사도행전 5장의 설명은 동전을 입에 물고 있는 고기를 잡아 올린 베드로의 이야기를 기록하고 있는 마태복음의 설명과 흡사하다. 본문에는 사건 자체에 대한 설명이 없다. 그러나 우리는 그것이 일어났다고 추측할 수 있다. 그렇지 않다면 왜 기록이 되었겠는가? 만약 하나님이 베드로의 그림자를 사용하여 병든 자들을 치료하시지 않았다면, 사람들은 병든 자들을 메고 거리로 나오는 그 힘든 일을 곧바로 중단했을 것이다.

사도들로 인해 기사와 표적이 행해지고 있었다(행 5:12). 그래서 믿지 않는 유대인들은 큰 관심을 가지고 교회에 모여들기 시작했고, 그 가운데 꽤 많은 사람들이 그리스도를 영접했다. 병 낫기를 소망하며 고통 가운데 있는 자들을 데리고 온 사람들은 이들 초신자들이었던 것으로 보여진다. 병이 낫는다는 소문이 작은 마을에서 시작하여 예루살렘에 이르도록 수많은 사람들을 사로잡았다(5:16). 그리고 이 이야기는 사도들이 거룩한 성 밖에서 행한 기적들 가운데 사도행전에 기록된 첫 번째 사건이었다. 베드로의 그림자는 계속해서 더 멀리 퍼져나갔다.

하나님은 하나님의 뜻을 이루시기 위해 다양한 도구들을 사용하신다. 그리고 모든 능력은 언제나 하나님으로부터 나타난다. 사실 하나님은 세상 사람들로부터 조롱당하고 배척당하는 도구들을 사용하시는 것을 좋아하신다. 히브리 민족을 찾으셨을 때, 주님은 아들을 낳기에는 너무 늙어 버린 아브라함과 사라를 선택하셨다. 모세가 손에 들고 있던 것은 양을 칠 때 쓰는 지팡이가 고작이었다. 그러나 하나님은 그 막대기를 사용하여 애굽 사람들에 대항하는 대역사를 시작하셨다. 하나님은 기드온과 그의 보잘 것 없는 군대에게 항아리와 횃불을 주셨다. 기드온은 미디안 족속을 공격했고 승리는 기드온에게 돌아갔다(삿 7:15-23). 다윗이 가지고 있던 무기는 물매와 돌멩이 몇 개 뿐이었지만 다윗은 그것으로 거인을 물리쳤다. 예수님이 한 번은 진흙을 가지시고 눈먼 자를 고치신 적이 있었다(요 9:6-7). 이제 사도행전 5장에서 주님은 평범하기 그지없는 유대 어부의 그림자를 사용하시어 사람들의 질병을 고쳐 주기 시작하셨다. 혈루증에서 나음을 받은 여인의 믿음(마 9:20-22)이나 예수님의 옷자락에 손을 대려고 했던 무리들의 믿음(막 6:53-56)에는 미신적인 요소가 있었던 것이 사실이다. 그러나 하나님은 가장 약한 믿음도 받아 주셨고 용기를 북돋아 주셨다.

스스로 주님을 섬기기에 합당하지 않고 부족한 것이 많다고 생각하는 우리들에게 베드로의 그림자는 용기를 준다. 또한 베드로의 그림자는 주님이 하신 일들을 자신의 공로로 돌리고자 하는 자들을 질책한다. 주님이 우리를 부르셨을 때 우리는 어떤 자들이었으며, 또한 우리의 부족함에도 불구하고 하나님이 우리를 위해 이루어 주신 일들을 기억할 필요가 있다!

> 형제들아, 너희를 부르심을 보라. 육체를 따라 지혜 있는 자가 많지 아니하며, 능한 자가 많지 아니하며, 문벌 좋은 자가 많지 아니하도다. 그러나 하나님이 세상의 미련한 것들을 택하사 지혜 있는 자들을 부끄럽게 하려 하시고, 세상의 약한 것들을 택하사 강한 것들을 부끄럽게 하려 하시며, 하나님이 세상의 천한 것들과 멸시받는 것들과 없는 것들을 택하사 있는 것들을 폐하려 하시나니, 이는 아무 육체라도 하나님 앞에서 자랑하지 못하게 하려 하심이라.　　　　(고전 1:26-29)

우연히 발생한 일

여기에 등장하는 기적들은 사도들에 의해 미리 계획된 특별한 행사에서 발생한 것들이 아니라, 베드로가 도시를 지나갈 때 길거리에서 우연히 이루어진 일들이었다. 길을 걸으면서 베드로는 기적을 만드는 자가 되었다. 이것은 우리가 배워야 할 좋은 예이다. 우리는 부러져 버린 팔이나 다리를 고치지는 못한다. 그러나 우리는 매일의 삶 가운데 예수님의 사랑과 진리를 이웃들과 나누면서 상처받은 심령들과 깨어진 인생들을 치료하는 데 도움을 줄 수 있다.

미국의 시인 헨리 롱펠로우는 "인생의 시편"이라는 시를 통해서 우리에게 용기를 심어 주고 있다:

> 위대한 이들의 삶을 통해 배울 것이 있다.
> 우리도 우리의 인생을 고귀하게 만들 수 있으며,
> 세상을 떠나면서, 우리는 시간의 모래밭에
> 위대한 발자국을 남기고 갈 것이다.

그러나 자기 자신에 대해 "위대하다"라고 솔직하게 말할 수 있는 사람은 별로 없다. 그리고 걷지도 못하는 사람들에게 모래밭의 발자국이 뭐가 좋겠는가? 감정은 아름다운 것이다. 그러나 인생을 바꾸어 놓을 수 있는 능력은 어디에 있는가? 베드로는 어디를 가든지 기적을 남겼고 다른 사람들의 삶 속에 예수 그리스도를 심어 주었다. 인생의 여정 가운데 기적을 남기는 것—바로 이것이 그리스도인들이 살아가는 참 모습이다.

아브라함의 신앙의 여정을 살펴보자. 아브라함이 지나간 자리를 보면 그가 팠던 우물들, 그가 심어 놓은 나무들, 그리고 그가 만든 제단들이 남아 있음을 발견하게 된다. 그의 뒤에 오는 사람들은 영적인 예배를 위한 장소뿐만 아니라 신선한 물과 그늘을 얻을 수 있었을 것이다. 사람이 나이를 먹으면서 나타나는 좋지 않은 것들이 그들 부부에게는 전혀 없었다! 만약 광야 40년 동안 이스라엘 백성들을 따라다녔다면 우리는 그들이 남기고 간 수많은 무덤들을 지나야 했을 것이다. 믿음이 없었던 구세대 사람들이 다 죽었기 때문에 그들의 여정은 하나의 긴 장례 행렬이었다. 그러나 새 시대 사람들을 위해 약속의 땅으로 들어가는 길이 만들어졌다.

우리가 다른 사람들에게 덕을 끼치거나 유익을 주는 행동들 가운데는 순수하게 우연히 되어지는 일들이 많다. 하나님도 그렇게 하실 수 있다. 사실 우연한 일을 통해서, 혹은 숨겨진 사역들이 하나님께 가장 큰 영광이 되는 때가 종종 있다. 목회자들과 간증을 나누는 자리에서 나는 내가 처음 신앙 생활을 시작했을 때 나에게 커다란 도움을 주었던 책에 대해 언급한 적이 있었다. 그 모임에 참석했던 어떤 사람이 이야기를 듣고 그 책을 구입했다. 훗날 그는 나에게 전화를 걸어 그 책이 자기의 인생을 변화시켰다고 고백했다. 한 번은 친구와 일상적인 대화를 나누는 자리에서 내가 중요한 결정을 내릴 수 있도록 하나님이 친구의 말을 통해 도움을 주신 적이 있다. 그것은 지금도 나에게 큰 유익이 되는 중요한 문제였다. 소위 우연히 얻어지는 경험들 속에서 우리의 그림자가 가지고 있는 능력을 과소 평가해서는 안 된다.

꼭 있어야 할 것

남아프리카의 작가 로렌스 반 데 포스트(Laurens van der Post)는 그의 책에서 그 나라의 원주민들은 자신의 확신을 표현하는 개인적인 독특한 방법을 가지고 있다고 말했다. "정말로 당신은 그림자를 던집니다"라고 말하는 것이 그 방법이다. 다른 말로 하면 눈에 보이는 것이 그 사람의 실체가 아니다. 그 본질이 빠져 있기 때문에 그 사람을 보았다고 할 수 없다. 그것은 눈에 보이는 단지 허상일 뿐이다. 눈에 보이지 않는 것까지 볼 수 있는 사람이 진실된 인간이다. 그들은 자신의 그림자까지 던져 준다.[1) 베드로는 참된 인간이었고 진실된 그리스도인이었기 때문에 그림자까지 내어놓았다.

남북 전쟁 후, 발전을 거듭하던 어느 보험 회사가 로버트 리(Robert E. Lee)에게 "명예 회장"을 맡는 조건으로 연간 만 불을 지급하겠다는 제안을 했다. 그러나 그는 그 제안을 거절하며, "죄송합니다. 일도 하지 않으면서 대가를 받을 수는 없습니다"라는 내용의 편지를 보냈다. 그는 그림자를 가지고 있는 진실한 사람이었다.

이사야 선지자는 성실한 지도자를 설명하면서, "또 그 사람은 광풍을 피하는 곳, 폭우를 가리우는 곳 같을 것이며, 마른 땅에 냇물 같을 것이며, 곤비한 땅에 큰 바위 그늘 같으리니"(사 32:2)라고 했다. 베드로는 "반석"의 자격이 있는 사람이었다. 그는 성실하고 진실한 사람임을 보여주는 그림자를 지니고 있었기 때문이다. 미국 경영자 협회(the American Management Association)는 지도력에 있어서 경영자에게 가장 가치 있는 것이 무엇인가를 조사하는 연구를 실시했다. 연구 결과 경영자에게 있어야 할 최고의 자격은 성실함, 경쟁력 그리고 방향을 제시하고 이끌어 주는 능력이라는 사실이 보고되었다.

성실함은 인격, 행동 그리고 봉사를 위해 반드시 있어야 하는 항목이다. 그러나 우리는 능력과 성실이 별개로 취급되는 시기에 살고 있다. 사람들은 "우리의 지도자들이 일을 잘 해내기만 한다면 그들이 어떤 삶을 살든 문제될 것이 무엇인가?"라고 말한다. 다른 말로 하면, 지도자들에게 가치와 인격은 필요 없다는 것이다. 그들에게 필요한 것은 일을 잘 끝맺을 수 있는 전문적인 기술과 능력이 전부라는 의미이다. 그러나 하나님은 왕자 모세를 선지자 모세로 바꾸시기 위해, 또한 목동이었던 다윗을 왕으로, 모래 같았던 시몬을 반석 같은 베드로로 변화시키기 위해 엄청난 시간을 투자하셨다. 성실한 사람들은 유혹과 시험의 전장(戰場)에서 깎아지고 다듬어진 가치 있는 사람들이다. 성실하지 않은 지도자들은 사람을 보되 눈으로만 보는 조작과 착각의 명수들이다. 그들이 하는 일들을 보면 그들이 어떤 사람인지 알 수 있다. 그들은 진실을 흉내내는 싸구려 모조품에 지나지 않는다.

받아들여질 수 없는 것

그림자를 가지고 기적을 만들어 내는 사람들에게는 적들이 생기게 마련이다. "대제사장과 그와 함께 있는 사람, 즉 사두개인의 당파가 다 마음에 시기가 가득하여 일어나서, 사도들을 잡아다가 옥에 가두었더니"(행 5:17-18)라는 말씀에 비추어 볼 때, 베드로도 예외는 아니었다. 이들은 앉은뱅이를 고쳐 주었을 때 베드로와 요한을 잡아 가두었던 바로 그 믿지 않는 무리들과 동일한 집단이었다(행 4:1-3). 이들 종교지도자들은 자기들의 신학을 교묘하게 주장했고, 죽은 자의 부활이 없음을 증명하려 했다. 그러나 그들은 기적을 행할 수는 없었다. 삶과 죽음에 대한 그들의 과학적인 접근 방법은 예수님의 가르침으로 인해 어리석은 것으로 판명되었고, 주님의 부활하심으로 말미암아 완전히 무너져 내렸다. 사도들로 인해 일어난 모든 기적은 예수님이 살아 계시고 주님의 나라가 임했다는 것을 입증하는 것이었다. 주님은 천사들을 보내 사도들을 감옥에서 이끌어내심으로 사두개인들을 납작하게 만들어 버렸다.

교회의 가르침과 사역은 그 출발에서부터 유대 민족을 구속하고 있던 전통적인 종교와 대립될 수밖에 없었다. 교회와 관계된 모든 것들은 문화와 대립된다. 문화와 섞이기 시작할 때, 교회의 진정한 가르침과 사역은 표류하게 된다. 교회는 세상과 세상의 악을 고발하는 대신에 세상을 흉내내기 시작할 것이고 세상에 동화될 것이다. 그렇게 되면 얼마 지나지 않아 우리는 세상과 교회를 구분도 못하게 될 것이다.

캠벨 모건(G. Campbell Morgan)은 "교회는 세상에서 가장 작았을 때 세상을 위해서 가장 많은 일을 했다"라고 말했다. 맞는 말이다. 그런데 "너희는 이 세대를 본받지 말고"(롬 12:2)라는 바울의 가르침이 오늘날 스스로 성도라고 하는 자들에 의해서 무시되고 있다. 그 결과 교회는 세상으로부터 따돌림당하기 시작했고, 세상의 가치 체계와 생각들이 교회 안에 만연되고 말았다. "종교적 사업 광고"와 세속적인 사업 광고를 구분하기 어렵다.

자신의 그림자를 드리울 수 있는 헌신적인 기독교 지도자들이 세움을 받을 때, 지도자들을 대항하는 가장 큰 적은 그들 자신의 집안에 있다. 세상과 세상 사람들로부터 구별된 베드로가 예수 그리스도가 살아 계심을 증거하지만 이미 힘을 상실한 종교는 그것이 무슨 의미인지 알아차리지 못한다. 사도들에게 주어진 평판은 가야바나 가야바를 따르는 무리들과는 결코 어울릴 수 없다는 것이었다. 그러나 하나님은 사도들의 이런 모습을 높이 인정하셨다. 가야바와 그의 법정은 권세를 가지고 있었으나 베드로와 그의 친구들은 정치적이거나 종교적인 어떤 권세를 가지고도 억제할 수 없는 능력을 소유하고 있었다.

베드로는 세상에서 환영을 받거나 인기를 끄는 문제에 대해서는 관심이 없었다. 오늘날 교회도 이와 같아야 한다. 베드로는 "내가 불을 땅에 던지러 왔노니"(눅 12:49), 또한 "사람들이 나를 핍박하였은즉 너희도 핍박할 터이요"(요 15:20)라는 주님의 말씀을 들었다. 또 베드로는 "사람 중에 높임을 받는 그것은 하나님 앞에 미움을 받는 것이니라"(눅 16:15)는 말씀도 들었다. 그리고 베드로는 이 모든 말씀을 믿고 있었다. 베드로와 다른 제자들에게 있어서 사람들의 비위를 맞추고 세상으로부터 인정을 받으려 하는 것은 예수님이 가르치시고 죽으심을 통해 이루어 주신 것을 생각할 때 있을 수도 없는 일이었다. "내게는 우리 주 예수 그리스도의 십자가 외에 결코 자랑할 것이 없으니, 그리스도로 말미암아 세상이 나를 대하여 십자가에 못 박히고, 내가 또한 세상을 대하여 그러하니라"(갈 6:14)고 말한 바울의 생각도 다른 제자들과 차이가 없었다. 베드로와 바울이 가지고 있던 소망은 세상을 비추고자 하는 것이 아니었다.

그들이 바라고 있었던 것은 그들을 통해 하나님의 영광이 비추어지고 자신들의 그림자가 다른 이들에게 복이 되는 것이었다.

감리교회의 윌리엄 퀘일(William Quayle) 감독은 "우리의 그림자를 통해 회심자를 얻기까지 우리의 신앙은 온전하다고 할 수 없다"라고 말했다.

교회는 오늘 회심을 위한 그림자를 더 많이 필요로 하고 있다.

12
당신을 섬기는 베드로

사도행전 9:32-43

때에 베드로가 사방으로 두루 행하다가 룻다에 사는 성도들에게도 내려 갔더니, 거기서 애니아라 하는 사람을 만나매, 그가 중풍병으로 상 위에 누운 지 팔 년이라. 베드로가 가로되 애니아야, 예수 그리스도께서 너를 낫게 하시니 일어나 네 자리를 정돈하라 한대, 곧 일어나니 룻다와 사론 에 사는 사람들이 다 그를 보고 주께로 돌아가니라. 욥바에 다비다라 하는 여제자가 있으니, 그 이름을 번역하면 도르가라. 선행과 구제하는 일이 심히 많더니, 그 때에 병들어 죽으매, 시체를 씻어 다락에 뉘우니 라. 룻다가 욥바에 가까운지라. 제자들이 베드로가 거기 있음을 듣고, 두 사람을 보내어 지체 말고 오라고 간청하니, 베드로가 일어나 저희와 함께 가서 이르매, 저희가 데리고 다락에 올라가니, 모든 과부가 베드로 의 곁에 서서 울며, 도르가가 저희와 함께 있을 때에 지은 속옷과 겉옷 을 다 내어 보이거늘, 베드로가 사람을 다 내어 보내고 무릎을 꿇고 기 도하고 돌이켜, 시체를 향하여 가로되 다비다야, 일어나라 하니, 그가 눈을 떠 베드로를 보고 일어나 앉는지라. 베드로가 손을 내밀어 일으키 고 성도들과 과부들을 불러들여 그의 산 것을 보이니, 온 욥바 사람이 알고 많이 주를 믿더라. 베드로가 욥바에 여러 날 있어 시몬이라 하는 피장의 집에서 유하니라.

신학교 시절, 신약 신학 교수로부터 신약성경의 각 장들의 중심 사건 들을 이해하기 위하여 정기적으로 성경 전체를 훑어보는 시간을 가지라 는 권면을 들은 적이 있다. 그래서 우리는 "사도행전 1장은 새로운 사도 선발, 사도행전 2장은 오순절, 3장은 앉은뱅이를 고침, 그리고 또 4장은..." 하는 식으로 계속해서 암송했다. 물론 9장에 가서는 "바울의 소명과 회심"이라고 외웠다. 당시에 우리는 베드로의 활약이 여전히 대단했으며, 특별히 9장에는 하나님이 베드로를 통해 보여 주신 기적 두 가지, 즉 애니아를 치료하고 죽은 도르가를 살린 사건이 기록되어 있다는 사실을 별 생각 없이 지나쳐 버렸다. 이 기적들을 마음에 새길 때 우리는 목회에 관한 중요한 교훈을 얻을 수 있다.

용기

당시 교회는 상당히 어려운 상황에 처해 있었다. 젊고 유능한 다소 사람 바리새인 사울이 교회를 무섭게 핍박했기 때문에 예루살렘에 있던 성도들은 도시를 탈출하여 좀더 안전한 곳을 찾아 제각기 흩어졌다. 복음이 더 멀리 퍼지지 않도록 핍박이 가중되었지만, 다행히 교회를 무너뜨리려는 직접적인 시도는 없었다(행 8:1-8). 하나님의 백성은 씨앗과 같다. 하나님의 백성들은 흩어지더라도 그 곳에 뿌리를 내리고 수확을 거둔다.

의사 누가는 박해가 계속되는 동안 사도들은 예루살렘에 남아 있었다고 기록하고 있다. 이 일을 가지고 사도들을 비난하는 사람들이 있다. 그들은 "그 때는 복음이 바깥으로 나가야 할 시기였다. 그리고 사도들 역시 활동을 계속했어야 했다"라고 지적한다. 그러나 그 위험한 장소에 계속 머물면서 맡겨진 일을 수행하고, 이제 막 태어난 교회를 돌보는 일은 사도들에게 엄청난 용기를 필요로 하는 일이었다. 사도들을 비난하는 대신 우리는 하나님의 백성들을 위해서 모험을 감수했던 사도들에게 오히려 찬사를 보내야 한다.

집사이며 전도자였던 빌립은 주님으로부터 사마리아로 가라는 지시를 받았다. 그 곳에서 빌립은 유대교에 대해 큰 열정이 없는 사마리아 사람들에게 복음을 전했다. 700여 년 전 북 이스라엘 왕국이 앗수르에 의해 점령되었을 때, 앗수르 군대는 사마리아에 자신들이 점령한 지역의 사람들을 강제로 이주시켜 유대인들과 이방인들을 섞어 놓았다. 그 바람에 사마리아 지역의 혈통과 종교가 혼합되고 말았다. 정통파 유대인들은 사마리아 사람들이나 종교에 대해서 관여하는 것을 꺼려했기 때문에 유대 전도자들이 사마리아에 가서 복음을 전한다는 것은 실제로 상당한 용기를 필요로 했다. 빌립은 사도행전 1장 8절에 기록된 주님의 명령대로 따랐을 뿐이었다. 교회는 예루살렘과 유대를 차례로 복음화시켰고, 이제 사마리아에서 그 수확을 거둘 때가 된 것이었다.

당시는 기독교 지도자들로서 여행하는 것이 위험했던 때였다. 그러나 베드로와 요한은 빌립의 사역을 지원하기 위해 사마리아를 방문했다. 사마리아에 도착하여 그들은 새로 들어온 신자들에게 성령의 선물을 나누어 주었고, 유대인과 사마리아 사람들 사이에 오랫동안 가로막고 있던 분열을 해결했다. 그 후 베드로는 이방인들에게 복음을 전할 기회를 얻었고(행 10-11), 특별히 바울은 땅끝까지 가라고 하셨던 명령대로 순종했다. 하나님은 계획과 시간표를 가지고 계셨으며, 사도들은 예루살렘에 머물든 아니면 다른 지역을 방문하든 하나님의 뜻에 순종했다. 사도들을 질책하는 대신 우리들은 그들을 본받아야 할 필요가 있다!

종종 우리는 베드로가 예수님을 부인했던 일에 너무 집중한 나머지 그가 지니고 있던 용기를 잊어버릴 때가 있다. 예수님이 겟세마네 동산에서 체포되셨을 때도 베드로의 문제는 방향을 잘못 잡은 것이지 열정이 없었던 것은 아니었다. 분명히 그는 용감했다. 오순절에 그는 예수님을 담대하게 증거했고 그 후로도 베드로의 사역에는 열정이 있었다. 베드로는 두 번이나 감옥에 갇혔고 매질을 당하기도 했다. 또 입을 다물고 있으라는 협박을 받기도 했다. 따라서 우리는 베드로를 겁쟁이라고 할 수 없

다. 예루살렘에 남아 있던 것도 그에게는 위험한 일이었고 더군다나 사
마리아로 여행하는 것은 더욱 위험했다. 그러나 베드로는 맡겨진 일을
진지하게 감당하는 하나님의 신실한 종이었다.

남자이든 여자이든 편안하고 편리한 쪽으로 하나님의 일을 끌고 가는
것을 좋아한다. 그러나 그렇게 되면 성령의 축복도 없고 하나님 나라에
서 그리스도로부터 주어지는 상급도 없다. 하나님이 상처들을 훈장으로,
십자가를 면류관으로 바꾸어 주시는 바로 그 날, 오직 희생과 봉사의 사
역만이 주님께 영광이 될 것이다. 제자로 부름을 받은 지 얼마 되지 않아
서 베드로는 십자가를 향해 가고자 하시는 예수님을 반대한 적이 있었다.
그것은 그가 주님의 고난받으심과 영광스러운 그리스도의 왕국과의 관
계를 미처 깨닫지 못했기 때문이었다(마 16:21-23). 그러나 베드로는
얼마 지나지 않아, 그리스도에게 고난이란 언제나 영광이 된다는 사실을
알게 되었다. 그리고 베드로는 첫 번째 편지를 기록하면서 이 사실을 중
심 주제 가운데 하나로 다루었다. "너희가 그리스도의 이름으로 욕을 받
으면 복 있는 자로다. 영광의 영 곧 하나님의 영이 너희 위에 계심이라"
(벧전 4:14).

아무리 어렵고 위험하다 할지라도 우리는 하나님의 약속에 굳게 서야
한다. 또한 우리는 하나님이 하시고자 하는 일을 위해 언제나 부지런히
움직여야 한다. 휘튼대학(Wheaton College)의 레이몬드 에드만(V.
Raymond Edman) 박사가 말한 것처럼 "언제나 그만 두기에는 너무
이르다."

협동

핍박자 사울이 회심한 후, 주님은 교회에게 고난으로부터 잠시 숨을
돌릴 수 있는 여유를 주셨는데, 이 기간 동안 교회는 뜻밖의 성장을 하게

되었다(행 9:31). 이것은 예루살렘 안에 고난과 체포에 대한 위협이 줄어들었기 때문에 영적인 지도자들이 다른 지역에 있는 성도들을 도울 수 있는 여유를 얻을 수 있었다는 것을 의미한다. 빌립은 사마리아에서의 사역을 끝내고 가사를 향하여 가던 길에 에디오피아의 내시를 만나 그리스도를 향한 믿음으로 인도했다(행 8:26-38). 그 일 후에 빌립은 가사 북쪽 약 32킬로미터에 위치한 아소도로 이끌림을 받았다. 거기서도 빌립은 "여러 성을 지나다니며 복음을 전하고"(행 8:40) 가이사랴에 도착했다. 이 말씀은 그가 가이사랴에 도착하기까지 아소도, 얌니아, 루디아, 욥바 그리고 안티파리스에서 복음을 증거했다는 것을 의미한다. 가이사랴는 빌립이 몇 해 후에 딸들과 함께 거주하며 바울과 바울의 일행들을 환대했던 곳이다(행 21:7-9).

예수님은 사마리아에서의 사역을 통해 많은 결실을 얻으셨다(요 4:1-42). 사마리아에서 주님은 제자들에게 다음과 같은 말씀을 하셨다: "그런즉 한 사람이 심고 다른 사람이 거둔다 하는 말이 옳도다. 내가 너희로 노력지 아니한 것을 거두러 보내었노니, 다른 사람들은 노력하였고 너희는 그들의 노력한 것에 참예하였느니라"(요 4:37-38). 예수님은 아마도 그 인근 지역에서 활동하고 있던 세례 요한과 그의 제자들이 한 일을 언급하셨을 것이다. 그리고 베드로는 루디아와 욥바로 와 달라는 부탁을 받았을 때 예수님의 이러한 말씀들을 기억하고 있었을 것이다. 루디아는 애니아를 고쳐 준 곳이고 욥바는 도르가를 살린 마을이다. 베드로는 전도자 빌립의 신실한 사역에 힘을 합해 함께 일하기 시작했다. 그렇지 않았다면 그 지역에 믿는 자들이 생겼을 리가 없다.

수확하는 일군들이 경쟁심에 의해 움직이고 영적인 은사나 거두어들인 양이나 그 동안 이룩해 놓은 업적 등을 비교하는 것은 불행한 일이 아닐 수 없다. 모든 것이 주님이 친히 하신 일이고 또한 주 예수 그리스도만이 모든 영광을 받기에 합당하신 분이 아닌가? 고린도 교회에 보낸 편지에서 바울이 강조한 것도 바로 이 점이었다:

> 그런즉 아볼로는 무엇이며 바울은 무엇이뇨? 저희는 주께서 각각 주신 대로 너희로 하여금 믿게 한 사역자들이니라. 나는 심었고 아볼로는 물을 주었으되, 오직 하나님은 자라나게 하셨나니, 그런즉 심는 이나 물 주는 이는 아무 것도 아니로되, 오직 자라나게 하시는 하나님뿐이니라. 심는 이와 물 주는 이가 일반이나, 각각 자기의 일하는 대로 자기의 상을 받으리라.   (고전 3:5-8)

예수님이 사마리아에서 제자들에게 하신 말씀, "그런즉 한 사람이 심고 다른 사람이 거둔다 하는 말이 옳도다"라고 하신 것을 잊어서는 안 된다.

베드로는 어부로서 팀웍의 중요성을 알고 있었다. 예수님을 따르기 시작하면서 그의 사역의 형태는 바뀌었지만 일하는 근본은 그대로 남아 있었다. 돈을 버는 것을 목적으로 일하는 어부들은 고기를 잡을 때 여러 명이 힘을 합해 큰 그물을 사용하는 것이 보통이다. 베드로, 안드레, 야고보, 요한이 함께 고기를 잡는 동업자가 되었던 이유가 바로 이런 것이었다. 그들은 동업자로서 세상의 잃어버린 자들을 잡아들이기 위해서 어떻게 힘을 합해야 할지 그 방법을 이미 터득한 자들이었다. 인생의 바다에는 배와 그물이 많고 신실한 어부들도 많다. 그리고 주님은 이 모든 것들을 사용하신다.

목회를 하면 할수록 나는 하나님의 뜻을 이루시기 위해 수많은 사람들의 힘을 사용하시는 성령의 경이로운 역사를 보며 놀라움을 금할 수가 없다. 나는 "그리스도를 위한 젊은이들의 모임"(YFC)에 그리스도가 역사하신다는 것을 믿고 있었다. 그 행사의 강사가 빌리 그래함(Billy Graham)이었지만, 그보다는 그 날 저녁 행사가 열리기까지 여러 사람들의 수고가 있었기 때문이다. 그 모임을 주관했던 사람들로부터 시작하여 가정에서 이 일을 지원했던 사람들, 주일학교 교사들의 사역, 그리고 방학 중에 있었던 성경 학교 사역자들의 수고가 한데 어우러져 있었다. 또한 관심 있는 목회자들과 친지들의 기도, 기독교 라디오 방송국의 사역, 내가 암기하고 있는 성경 말씀들, 심지어는 주일학교에서 배웠던 노래들까지, 하나님은 이 모든 것들을 사용하셨다. 하나님의 일에는 어느 누구도 예외가 없다.

"우리는 하나님의 동역자들"(고전 3:9)이다. 이 말은 하나님이 뜻하신 것을 이루기 위해 우리 모두 함께 일해야 한다는 것을 의미한다. 중요하지 않은 사역이란 있을 수 없다. 모든 사람의 사역이 다 중요하고 반드시 필요하다. 작은 자리도 없고 반대로 큰 목회자도 존재하지 않는다.

사명

예수님이 제자들을 처음 내보내셨을 때 주님은 그들에게 능력과 권세를 주셨다(마 10). 그들은 자유 계약자나 혹은 자원한 자들처럼 일한 것이 아니라 주님으로부터 위탁받은 대리인으로 일을 했다. 주님의 명령은 "가면서 전파하여 말하되, 천국이 가까웠다 하고, 병든 자를 고치며, 죽은 자를 살리며, 문둥이를 깨끗하게 하며, 귀신을 쫓아내되, 너희가 거저 받았으니 거저 주어라"(마 10:7-8)는 것이었다. 한때 실패한 적이 있었지만 베드로에게 주어졌던 능력과 권세는 여전히 남아 있었다. 그래서 베드로는 주님과 하나님의 백성들을 섬기기 위해 출발했다.

또한 예수님은 베드로에게 "너는 돌이킨 후에 네 형제를 굳게 하라"(눅 22:32)는 두 번째 사명을 주셨다. 사도행전 9장에는 두 개의 사건만 기록되어 있지만, 베드로는 해안을 따라 사방으로 두루 행하면서 많은 사람들에게 많은 일을 행했다(행 9:32). 윌리엄 바클레이(William Barclay)

는 "사방으로 두루 행하면서"라는 말을 "전 지역을 여행하면서"라고 번역했다. 베드로는 새로 회심한 자들을 일으켜 세우며 잃어버린 자들을 찾고 교회들마다 문제를 해결하고 주어진 기회들을 잘 사용할 수 있도록 도움을 주기 위해 사도로서의 방문 활동을 계속했다. 시몬 베드로의 인도에 따라 예수님에 대해 전하는 베드로의 설교를 듣는다는 것은 대단한 특권이었을 것이다!

"내 양을 먹이라....내 양을 치라....내 양을 먹이라"(요 21:15-17)는 세 번째 사명이 주어졌다. 어부 베드로는 또한 목자 베드로였다. 그리고 그의 사역은 예수 그리스도를 향한 사랑에서 비롯된 것이었다. 꼭 안아 주고 싶은 어린 양을 사랑하는 것은 쉬울 것이다. 반대로 늙고 고집스러운 양을 돌보는 것은 쉬운 일이 아니다! 그러나 그리스도를 향한 우리의 사랑은 일이 힘들어질 때에도 변해서는 안 된다.

한편 베드로는 여러 지역에 흩어져 양떼들을 돌보는 목자들을 가르치는 일을 했다. 말씀의 푸른 초장으로 백성들을 어떻게 인도하는지, 또한 약탈자들로부터 양떼들을 어떻게 보호하는지, 그리고 어떻게 하면 양떼들을 하나로 만들고 조화를 유지시킬 수 있는지, 이 모든 것들은 베드로가 감당해야 했던 일들이었다.

> 너희 중에 있는 하나님의 양 무리를 치되 부득이함으로 하지 말고, 오직 하나님의 뜻을 좇아 자원함으로 하며, 더러운 이를 위하여 하지 말고 오직 즐거운 뜻으로 하며, 맡기운 자들에게 주장하는 자세를 하지 말고 오직 양 무리의 본이 되라. 그리하면 목자장이 나타나실 때에 시들지 아니하는 영광의 면류관을 얻으리라.   (벧전 5:2-4)

신실한 목자들이 없다면 양떼들은 흩어질 것이고 주위에 둘러선 적들에게 공격을 당하게 될 것이다. 예수님은 자신의 양떼를 사랑하셨고, 양떼들을 친절하게 돌보는 신실한 "작은 목자들"의 사역을 주님의 사랑으로 넘치도록 채워 주셨다. 오늘날 교회 교육은 교회의 사역 가운데 가장 중요한 몫을 차지하고 있는 것으로 보인다. 그러나 목자들의 사역은 양떼들을 가르친다고 해서 끝나는 것이 아니다. 예수님처럼 목자들은 양들의 이름을 낱낱이 알고 있어야 하며, 그들의 개인적인 욕구가 무엇인지 파악하고 있어야 한다. 또한 목자들은 양떼들과 함께 시간을 보내며, 그들을 풍성한 곳으로 인도하기 위해 노력해야 한다(요 10:1-16). 삯을 받을 때만 일을 한다면 삯꾼에 지나지 않는다. 삯꾼들은 위험한 일이 닥치면 양떼를 버리고 제 살 길을 찾아 도망을 친다.

우리는 때때로 교회를 양떼로, 목회자들을 목자로 비유한 성경의 의미를 잊어버린다. 영어의 목사라는 말은 목자라는 뜻이다. 나는 성도들에게 자기를 "목사"라고 부르지 못하도록 했다는 목회자에 관해 들은 적이 있다. 그는 자신이 목자라는 사실을 이해하지 못했기 때문이었다. 그는 도대체 무슨 일을 위해 부르심을 받았으며 그에게 주어진 은사는 무엇이었는가? 그는 정말로 하나님의 부르심을 받은 것인지 의심이 간다.

명령

루디아는 예루살렘 북서쪽 40킬로미터 지점에 있는 마을이다. 루디아에 있으면서 베드로는 "중풍병으로 상 위에 누운 지 팔 년"(행 9:33)이 지난 애니아를 알게 되었다. 애니아란 이름은 "찬양하다"라는 뜻이다. 그러나 애니아는 감사할 조건이 거의 없는 사람으로 소개되어 있다. 고등학교나 대학 때 읽었던 고전 문학을 기억한다면, "애니아"란 이름이 서사시 『트로이 전쟁』에서 버질(Virgil)이 등장시킨 영웅 아이네이스(Aeneas)와 같은 이름이라는 사실을 알 것이다(버질은 고대 로마의 시인 베르길리우스의 별명이고, 아이네이스는 트로이 전쟁에서 활약한 영

웅 중의 하나이다: 역자주). 아마도 루디아에서 베드로가 만난 애니아가 인내와 용기의 영웅이었을지 모른다. 그러나 위대한 정복자와는 거리가 먼 사람이었다.

그리스도는 살아 계셔서 그의 백성들을 통하여 이 땅에서의 사역을 계속하고 있었다. 따라서 베드로는 믿음 안에서 부활하신 주님의 능력에 의지하여 애니아를 도왔다. 베드로는 말하기를 "애니아야, 예수 그리스도께서 너를 낫게 하시니 일어나 네 자리를 정돈하라"(행 9:34)고 했다. 베드로는 가버나움에서 친구 네 명이 지붕을 뚫고 데려온 중풍병자를 예수님이 고쳐 주셨던 일을 기억했을 것이다(막 2:1-12). 그 기적이 일어났던 장소가 베드로의 집이었을 가능성이 높다. 예수님은 그 중풍병자에게 "내가 네게 이르노니 일어나 네 상을 가지고 집으로 가라"(막 2:11)고 명령하셨다. 두 번의 경우에 두 사람 모두 그 즉석에서 치료를 받았으며 주님의 명령에 복종했다.

중풍은 사람들에게서 즐거움을 빼앗아가고 아무 일도 할 수 없도록 만든다. 중풍병에 걸린 자는 무슨 일이든 남의 도움을 받아야 한다. 꼼짝할 수 없었던 이 남자 역시 루디아에 사는 성도들로부터 많은 도움을 받고 있었을 것이다. 이 사건을 비유적으로 해석하는 것은 바람직하다고 생각하지 않는다. 그러나 우리는 오늘날 몸보다는 마음과 생각이 중풍병에 걸려 고생하고 있는 사람들이 많다는 사실을 바로 인식해야 한다. 자기에게 해를 끼치는 버릇을 끊지 못하는 이들이 많고, 한 가지 일을 꾸준하게 지속하거나 생산적인 일을 계속하는 능력이 결여된 사람들도 적지 않다. 또한 많은 사람들이 어려운 문제가 생겼을 때 그것에 직면하여 문제를 해결하지 못하고 있으며, 건전하고 균형 잡힌 삶을 유지하는 데 훈련이 안 된 사람들도 상당히 많이 있다. 이런 모든 사람들에게 예수님이 필요하다.

애니아가 당한 어려움은 널리 알려져 있었던 것이 분명하다. 고침을 받은 후 애니아에 관한 소문이 온 동네에 전해졌으며 사람들은 시간가는 줄 모르고 그 이야기를 나누었다. 예수님이 죽은 자 가운데서 다시 살려 준 나사로처럼(요 11:45; 12:17-19), 애니아는 살아서 걸어다니는 한 편의 설교였다! "룻다와 사론에 사는 사람들이 다 그를 보고 주께로 돌아가니라"(행 9:35). 8년 동안의 고통과 근심이 이제 가치 있는 것으로 바뀌어졌다. 이것은 성전 미문에서 앉은뱅이가 걷게 된 사건의 재판이었다. 한 사람을 잡아야 한다. 그러면 많은 사람들을 잡게 될 것이다.

욥바는 루디아에서 북서쪽으로 약 15킬로미터 정도 떨어진 마을이다. 욥바에 있는 성도들은 루디아에서 일어난 기적에 대해서 전해 듣고 곧바로 사람을 보내 베드로에게 빨리 와 달라고 요청했다. 함께 생활했던 사랑하는 재봉사가 죽었는데, 이것은 교회로서도 큰 손실이 되는 일이었다. 그녀의 이름은 헬라 말로는 도르가였고 아람어로는 다비다였으며, 둘 다 "산양"(山羊)이란 의미를 가지고 있다. 그녀에게는 자비의 은사가 있었고, 그녀의 바늘은 가난한 자들을 위해 옷을 만들어 주느라 항상 분주했었다. 예수님이 이 땅에 계실 때 그러셨던 것처럼 그녀는 언제나 선행을 베풀었고 가난한 이들을 도와 주었다. 거의 모든 교회들마다 주님께 헌신하고 주어진 은사와 능력을 사용하여 주님을 섬기는 도르가와 같은 사람들이 있다. 그런 사람들이 없으면 우리들은 어떻게 되겠는가!

도르가의 이야기는 "왜 하나님은 그렇게 헌신적이고 유익한 성도들이 고통받고 죽어 가는 것을 내버려 두시는가?" 하는 어려운 문제를 제기한다. 교회에서 목회를 하는 동안 교사, 장로, 협력자 등 헌신적인 성도들을 잃어버렸을 때 교회 안에 생긴 빈 자리들이 쉽게 채워지지 않는 것을 여러 번 경험했다. 이런 일들은 짧은 문장 몇 개로 풀어지지 않는 수수께끼들이다. 그렇다고 하나님의 주권적인 뜻에 의심을 품어서는 안 된다.

때때로 한 사람의 사역자를 잃음으로 인해 다른 사역자들에게 도전을 주는 기회가 되기도 한다. 그래서 그들이 그 일에 긍정적으로 반응하면 결과적으로 교회는 오히려 굳게 서게 된다. 경건한 지도자를 잃어버린다는 것은 분명히 그 본을 따르도록 다른 사람들에게 동기를 제공하고 양떼들을 돌보는 일에 분발하게 해 준다.

도르가의 죽음이 주변 사람들, 특히 그녀로부터 도움을 받은 적이 있는 이들의 마음을 아프게 했을 것이 분명하다. 예루살렘 안에서는 사람이 죽으면 특별한 경우가 아닌 이상 24시간 내에 매장했다. 그러나 예루살렘 바깥에서는 죽은 자를 삼 일 동안 그대로 눕혀 놓았다. 유대인들은 시신을 미이라로 만들지 않았다. 내신에 시신을 닦고 옷을 입힌 후 향신료로 처리하여 다락방에 안치했다. 다락방에서 베드로가 취한 행동은 예수님이 야이로의 딸을 살리셨을 때의 모습을 연상케 한다(막 5:40-43). 베드로는 사람들을 내보냈다. 그리고 기도를 한 후에 여인에게 말을 하고 여인의 손을 잡았다. 베드로는 아람어로 "다비다 구미—다비다여, 일어나라!"고 말했다. 예수님은 야이로의 딸에게 "달리다 굼—소녀야, 일어나라!"고 말씀하셨다.

예루살렘의 사두개인들이 이 일을 목격했다면 부활의 증인이 되었을 것인데, 그 자리에 없었던 것이 너무 아쉽다! 그러나 소문은 멀리 퍼졌고 하나님이 도르가에게 하신 일로 인해 많은 사람들이 그리스도를 믿게 되었다. 얼마 후에 도르가는 자기가 하던 일을 계속하게 되었고, 찾아오는 자들에게 예수님이 자기를 죽은 자 가운데서 어떻게 살려 주셨는지 피곤한 줄도 모르고 증거했을 것이다.

연속

헌신적인 성도의 삶에 있어서 뿐만 아니라 성령의 인도함을 받는 교회에 있어서 따로 떨어져서 이해되어질 수 있는 사건은 하나도 없다. 무슨 일이 일어나든지 그것은 하나님이 하나님의 백성들을 위해 세워놓으신 커다란 시나리오의 일부분에 불과하다. 욥바에서 베드로의 사역은 도르가에게 생명을 주었고 많은 친구들에게는 위안이 되는 일이었다. 그러나 그 이상의 결과가 나타났다. 이 기적으로 인해 또 하나의 축복의 결과가 나타났는데, 그것은 이 일로 인해 베드로가 욥바에 머물게 되었다는 것이다. 교회의 요청에 의해 욥바에 머물게 된 것은, 비록 의식은 하지 못했지만, 베드로로 하여금 주님으로부터 특별한 환상을 받을 준비를 하게 해 주었다. 그 환상이란 이방인에게 나아가는 믿음의 문을 열도록 인도하는 것이었다(행 10:1-43). 요나는 하나님의 뜻을 이방인에게 전하라는 명령을 받았다. 그러나 요나는 명령에 순종치 아니하고 배를 타고 반대 방향으로 도망을 가다가 욥바에 멈추었다(욘 1:1-3). 베드로도 욥바에 머물다가 놀라운 환상을 보았고 하나님이 지시하시는 대로 순종했다.

누가가 집필한 사도행전은 사건들을 하나씩 하나씩 단순하게 이어 놓은 것이 아니다. 누가는 성령의 인도하심을 받아 복음이 예루살렘에서 유대로, 사마리아로 그리고 유대와 사마리아 사이의 해변 지역과 지중해까지 퍼져나가는 이야기를 기록했다. 베드로가 시몬이라는 피장과 함께 욥바에 머물고 있었다는 사실은 그가 지니고 있던 정통적인 유대 방식들이 사라져가고 있음을 보여 준다. 왜냐하면 가죽을 무두질하는 피장이라는 직업은 깨끗하지 않은 업종이었고 피장과 함께 거하고 있다는 것은 베드로가 부정한 사람이 되고 있음을 시사하기 때문이었다. 베드로는 이 일로 인해 이방인들을 향해 "부정하다"라고 말할 수 없다는 사실을 깨달았을 것이다. 왜냐하면 이방인들도 하나님의 은혜로 구원을 받을 수 있기 때문이다.

이 환상을 통해 하나님은 베드로로 하여금 고넬료의 집을 방문하도록 준비시키셨다. 고넬료는 이달리야대라 하는 군대의 백부장으로 영생의 길을 찾고 있던 경건한 사람이었다. 베드로는 고넬료와 그의 일가 친척들과 친구들에게 설교했다. 그러나 미처 설교의 끝을 맺기도 전에 반응이 나타났다. 복음의 요점에 도달했을 때, 베드로는 "저를 믿는 사람들이 다 그 이름을 힘입어 죄 사함을 받는다 하였느니라"(행 10:43)고 말했다. 이 말을 듣는 자들은 그 약속을 믿고 모두 구원을 받았으며 곧바로 성령의 선물을 받았다.

베드로가 예루살렘으로 돌아오자 율법적인 유대 신자들이 베드로를 힐난했다. 베드로가 이방인의 집을 방문했고, 이방인들에게 복음을 전했으며, 그들과 함께 음식을 먹었다는 것이 그 이유였다. 그러나 베드로는 이들 율법주의자들 앞에서 자신을 성공적으로 변호했다. 뿐만 아니라 베드로는 예루살렘에서 열린 전체 회의에서도 복음을 훌륭하게 변론했다(행 15:1-11). 그는 "이방인들도 우리 유대인들처럼 구원받는다"라고 하지 않고, "우리 유대인들도 이방인들처럼 예수 그리스도 안에 있는 믿음으로 말미암아 구원을 얻는다"라고 말했다.

만약에 베드로가 욥바에 머물지 않고 하늘로부터 오는 환상에 순종하지 않았다면, 오늘날 이방인들은 어떻게 되었을까?

13
기적에 눈을 떠라!

사도행전 12:1-19

이에 베드로는 옥에 갇혔고 교회는 그를 위하여 간절히 하나님께 빌더라. 헤롯이 잡아 내려고 하는 그 전 날 밤에 베드로가 두 군사 틈에서 두 쇠사슬에 메여 누워 자는데, 파수꾼들이 문 밖에서 옥을 지키더니, 홀연히 주의 사자가 곁에 서매, 옥중에 광채가 조요하며, 또 베드로의 옆구리를 쳐 깨워 가로되 급히 일어나라 하니, 쇠사슬이 그 손에서 벗어지더라. 천사가 가로되 띠를 띠고 신을 들메라 하거늘, 베드로가 그대로 하니, 천사가 또 가로되 겉옷을 입고 따라오라 한대, 베드로가 나와서 따라갈째, 천사의 하는 것이 참인 줄 알지 못하고 환상을 보는가 하니라. 이에 첫째와 둘째 파수를 지나 성으로 통한 쇠문에 이르니 문이 절로 열리는지라. 나와 한 거리를 지나매 천사가 곧 떠나더라. 이에 베드로가 정신이 나서 가로되, 내가 이제야 참으로 주께서 그의 천사를 보내어 나를 헤롯의 손과 유대 백성의 모든 기대에서 벗어나게 하신 줄 알겠노라 하여 깨닫고, 마가라 하는 요한의 어머니 마리아의 집에 가니, 여러 사람이 모여 기도하더라. 베드로가 대문을 두드린대, 로데라 하는 계집 아이가 영접하러 나왔다가 베드로의 음성인 줄 알고, 기뻐하여 문을 미처 열지 못하고 달려들어가, 말하되 베드로가 대문 밖에 섰더라 하니, 저희가 말하되 네가 미쳤다 하나, 계집 아이는 힘써 말하되 참말이라 하니, 저희가 말하되 그러면 그의 천사라 하더라. 베드로가 문 두드리기를 그치지 아니하니, 저희가 문을 열어 베드로를 보고 놀라는지라. 베드로가 저희에게 손짓하여 종용하게 하고, 주께서 자기를 이끌어 옥에서 나오게 하던 일을 말하고, 또 야고보와 형제들에게 이 말을 전하라 하고, 떠나 다른 곳으로 가니라.   (행 12:5-17)

사도행전 12장 이후, 베드로는 예루살렘 회의(행 15:1-21)에서 인상적인 역할을 수행한 것을 제외하고는 자신의 모습을 감추고 바울에게 길을 내주었다. 12장에서 베드로는 말을 많이 하지 않았는데, 그것도 자신의 생각을 조용히 중얼거린 것(행 12:11)과 마리아의 집에서 성도들에게 전한 간단한 말(12:17)이 전부였다—"이 말을 전하라 하고 떠나 다른 곳으로 가니라." 여기서 다른 곳이 어디인지 우리로서는 알 길이 없다. 또 우리가 안다 해도 별로 중요한 일이 못 된다. 중요한 것은 감옥에서 베드로가 경험한 일을 통해 나타난 진리를 배우고, 그것을 우리의 신앙 생활에 어떻게 적용하느냐 하는 것이다.

이제 베드로는 세 번째 감옥에 갇히게 되었다. 베드로는 요한과 함께 감옥에 있었고(행 4:1-4), 후에 다른 사도들과 함께 투옥된 적이 있었다(행 5:17-18). 그러나 12장에 기록된 경험은 다른 두 번의 사건과는 차이가 있었다. 먼저 베드로의 투옥은 이전에 투옥되었을 때 나타났던 것과 같은 커다란 승리가 뒤따르지 않았다. 오히려 이번에는 야고보가 순교를 당하는 커다란 비극을 가져오고 말았다. 한편 사도행전 12장에서 베드로는 혼자 감옥에 갇혔다. 따라서 다른 사도들로부터 격려를 받을 수도 없었다. 전에 감옥에 갇혔을 때는 고통을 당하고 매를 맞는 것이 전부였었다. 그러나 이번에는 처형을 당할지도 모르는 상황이었다. 앞의 두 번의 투옥에서 사도들은 곧바로 풀려났지만 이번에 베드로는 최소한 일주일 동안 갇혀 있어야 했다. 어떤 시험도 똑같을 수는 없다. 그러나 하나님이 공급하시는 것들은 언제나 동일하다.

사도행전 12장에서 누가는 우리에게 서로 대조되는 것들을 가르치며 신실하게 주님을 섬기면서 부딪치게 되는 시험을 우리가 어떻게 다루어야 하는지 교훈하고 있다.

두 종류의 원수

당시 왕 위에 있던 자는 베들레헴에서 어린아이들을 살해한 헤롯 대왕의 손자 헤롯 아그립바였다. 그는 세례 요한의 머리를 자르라고 명령한 헤롯 안티파스의 조카이기도 하다. 따라서 그가 속한 가문은 아주 폭력적인 성향이 강한 집안이라고 할 수 있다. 헤롯 가문은 고대 에돔의 후손으로 동생 야곱을 죽이려 했던 에서의 후예들이다. (야고보는 야곱과 동일한 이름이다.) 성경에는 육신적이고 영적인 것으로 인한 가문 사이의 불화가 자주 등장한다. 예를 들어, 이삭과 이스마엘, 야곱과 에서, 요셉과 그의 형제들, 다윗과 사울 등이다. 한 걸음 더 나아가 교회에 대한 헤롯 아그립바의 공격은 그리스도와 사단, 그리고 하나님의 자녀들과 사단의 자식들 사이에 분쟁이 있음을 명백히 보여 주고 있다. 이것은 창세기 3장 15절에서 하나님이 사단에 대한 공격을 명령하신 이후 계속되는 분쟁이다. 이 싸움은 가인이 아벨을 죽임으로 시작되었고, 사단과 적그리스도가 유황불 붙는 못에 던져지는 것으로 절정을 이루게 될 것이다(계 19:20; 20:10). 좋아하든 좋아하지 않든 간에, 그리스도인이라면 누구든지 거대한 우주적 분쟁에 얽매일 수밖에 없다. 그리스도와 더불어 싸우든지 아니면 그리스도를 대항하든지 한 쪽을 선택해야 한다.

헤롯이 원했던 것은 주님을 기쁘시게 하는 것이 아니라 백성들의 마음을 사는 것이었다. 그래서 그는 야고보를 처형하고 베드로를 옥에 가두었다. 헤롯은 신으로 대우받기를 원할 만큼 자만심으로 가득 찬 자였다(행 12:20-23). "가장 높은 구름에 올라 지극히 높은 자와 비기리라 하도다"(사 14:14)는 말씀처럼 헤롯의 교만은 바로 루시퍼의 야망이었다. 사도 요한은 세상을 "육신의 정욕과 안목의 정욕과 이생의 자랑"(요일 2:16)이라고 분명하게 정리했다. 헤롯은 자신의 권세를 사용하여 자기 자신의 만족만 추구하는 교만한 자였다. 그러나 헤롯을 없애는 것은 하나님으로서는 그의 창자를 먹어치울 벌레들만 있으면 되는 간단한 일이었다. 그리고 헤롯은 실제로 그렇게 죽었다.

우리는 우리의 싸움이 사람들이나 혹은 우리가 눈으로 볼 수 있는 조직에 대한 것이 아니라 "정사와 권세와 이 어두움의 세상 주관자들과 하늘에 있는 악의 영들에게 대함이라"(엡 6:12)는 사실을 명심해야 한다. 사단과 교회 사이의 우주적 싸움을 예견할 때 우리가 *스타 워즈*(Star Wars)나 *스타 트렉*(Star Trek)에서 본 장면들은 장난에 불과한 것들이다. 문제는 수많은 하나님의 백성들은 맹렬한 싸움이 있다는 것조차 인식하지 못하고 있으며, 무지의 소치로 인해 원수들로 하여금 더 쉽게 승리하도록 만들어 주고 있다는 것이다.

우리의 원수들은 혈과 육이 아니다. 그러나 사단은 세상 가운데 자기의 뜻을 이루기 위해 사람들을 사용하고 있다. 우리에게 주어진 책임은 원수들이 어디에서 활동하고 있는지 알아 내고, 그리스도께서 주신 영적인 무기들을 사용하여 원수들을 끌어내 쳐부수는 일이다. 우리는 갑옷을 입어야 하며(엡 6:10-18), 또한 마귀의 궤계를 물리치기 위하여 하나님의 말씀과 기도로 무장해야 한다. 헤롯 아그립바는 죽었다. 그러나 그와 같은 자들은 세상에 엄청나게 많고 사단은 그런 자들을 이용하여 예수 그리스도가 하시는 일을 방해한다. 예수님과 사단의 싸움은 그리스도가 재림하시고 하나님과 하나님의 백성들을 위하여 이 땅에 하나님의 나라를 세우실 때까지 지속될 것이다. "근신하라. 깨어라. 너희 대적 마귀가 우는 사자 같이 두루 다니며 삼킬 자를 찾나니, 너희는 믿음을 굳게 하여 저를 대적하라"(벧전 5:8-9)는 베드로의 말은 너무나도 중요하다.

두 종류의 일꾼

예루살렘에는 수천 명의 신자들이 있었지만 헤롯은 베드로와 요한의 형제 야고보만을 감옥에 가두었다. 그리고 이 사건은 예수님이 잡히셨던 것과 같이 유월절 기간에 발생했다. 사단은 영향력 있는 기독교 지도자들을 공격하는 것을 좋아한다. 따라서 우리는 교회를 이끌어가고 있는 지도자들과 주님의 일을 위해 선봉에 서 있는 선교 단체의 사역자들을 위해 신실한 마음으로 기도해야 한다. 만약 지도자들이 타락하면 그들과 함께 기독교 사역 전체가 무너지고 말 것이다. 베드로와 야고보는 성령이 충만하여 사단이 머물고 있는 요새를 공격하고 사로잡힌 자들을 구출하여 그리스도의 승리를 쟁취하는 지도자들이었다. 따라서 원수들이 베드로와 야고보를 쫓아다닌 것은 당연한 일이었다.

야고보는 처형되었는데, 의외로 베드로가 풀려난 이유를 설명하기란 쉽지 않다. 분명히 하나님은 실수를 범하는 분이 아니시다. 그러나 몇 가지 생각해 볼 점들이 있다. 주님이 베드로와 야고보와 요한을 데리고 특별한 경험을 하게 해 주신 것이 세 번 있었다: 그것은 변화산(마 17:1-8)에서, 야이로의 집(눅 8:51-56)에서, 그리고 겟세마네 동산(막 14:33-42)에서 이루어졌다. 캠벨 모건은 이 세 번의 사건들이 하나같이 죽음과 관련되어 있음을 지적했다. 야이로의 집에서 예수님은 죽음까지도 지배하는 주님이신 것을 보여 주셨다. 변화산에서 주님은 죽으심을 통하여 영광을 받으실 것을 나타내 보이셨다. 그리고 겟세마네 동산에서 주님은 죽음에 이르기까지 복종하셨다. 야고보는 분명히 이런 경험들을 통해 교훈을 얻었을 것이고 그 내용을 기억하고 있었을 것이다. 그래서 야고보의 순교는 주님께 영광을 돌리는 승리의 순간으로 변화되었다.[1]

그러나 이와 관련된 또 다른 문제가 있다. 어느 날 야고보와 요한은 어머니와 함께 예수님을 찾아와 주의 영광 중에서 하나는 주의 우편에 하나는 좌편에 앉게 해 달라고 부탁했다(마 20:20-28; 막 10:35- 45). 예수님은 그 형제들에게 주께서 마시려는 잔을 마실 수 있으며 십자가에서 받는 세례를 받을 수 있느냐고 질문하셨고, 야고보와 요한은 할 수 있다고 대답했다. 그들은 그들이 요청한 것과 자신 있게 대답한 것들이 그들의 인생에 고난이 될 것이라는 것을 제대로 깨닫지 못하고 있었다. 야고보는 사도들 가운데 가장 먼저 순교를 당했고, 요한은 밧모섬에 유배당하여 고난을 겪은 후 사도들 중에 가장 나중에 죽었다. 실제로 그들은 그 잔을 마셨고 고난의 세례를 통과했다.

우리는 마귀가 하는 일에 위협을 받고 있는 헌신된 성도들인가? 또한 마귀의 표적이 되고 있는가? 아니면 마귀를 돕는 자들인가? 우리는 하나님의 일을 생각하고 있는가? 아니면 세상적인 것들을 생각하고 있는가? 예수님이 베드로에게 이르시되 "사단아, 내 뒤로 물러가라. 너는 나를 넘어지게 하는 자로다. 네가 하나님의 일을 생각지 아니하고 도리어 사람의 일을 생각하는도다"(마 16:23)라고 말씀하셨다. 사단이 그리스도의 수제자를 가지고 장난치고 있는 것을 상상해 보라.

두 개의 보좌

헤롯 왕은 왕의 제복을 입고 화려한 옥좌에 앉아 있었다. 사람들은 그곳에 감히 접근할 수 없었으며 오직 복종만이 강요되었다. 그는 지극히 겸손하신 하나님의 아들이 앉아 계신 더 높고 더 큰 보좌가 있음을 인식하지 못했다. 마리아의 집에 모인 성도들은 은혜의 보좌 앞에 나아가 하나님의 종을 구해 달라고 기도하고 있었다. 그리고 하나님은 그들의 기도에 응답하셨다. *기도하는 교회의 능력을 과소 평가해서는 안 된다.* 기도하기 위해 많은 사람이 모였고(행 12:12), 그들은 여러 날 동안 간절히 기도했다(행 12:5). 이것은 겟세마네 동산에서 기도하셨던 예수님처럼(눅 22:44), 그들도 기도하기 위해 전심을 다했음을 의미한다. 그들은 기도하면서 하나가 되었다. 특별히 베드로를 위해서 한 마음으로 기도했다. 사형을 당하기로 되어 있던 하루 전 날 밤, 그들은 은혜의 보좌 앞에 모여 밤새도록 기도에 전념했다. 그러나 문 두드리는 소리를 듣고서도 그것이 정말로 베드로라는 것을 믿지 못한 것을 보면 그들의 기도에는 믿음이 부족했던 것 같기도 하다.

무슨 문제가 생기면 우리는 우리 스스로 어떻게 해 보려고 애를 쓰다가 한참 지난 후에야 하나님께 부족한 것을 채워 달라고 기도한다. 이것은 신자나 교회 전체도 마찬가지이다. 우리가 가장 먼저 해야 하는 것이 기도하는 것인데, 우리는 자포자기의 순간에 가서야 기도를 시작한다. 야고보는 "너희가 얻지 못함은 구하지 아니함이요"(약 4:2)라고 말했다. 오늘날 교회를 보는 시각은 제각각이겠지만 교회가 하고 있는 능력 있는 기도 사역에 대해서 알고 있는 사람들은 별로 없다. 물론 감사하게도 이례적인 교회들이 있다. 능력 있는 기도 사역으로 이름이 알려진 브룩클린교회(Brooklyn Tabernacle)의 목사인 짐 킴벌라(Jim Cymbala)라는 친구가 있다. 그는 다음과 같은 말을 했다: "그렇습니다. 거칠기만 한 도시에서의 생활은 우리로 하여금 기도하게 만듭니다....그런데 이 나라는 잘 돌아가고 있습니까? 그렇지 않다고 생각합니다."[2] 우리가 작은 도시에서 살든 아니면 변두리나 시골에서 살든 하나님의 백성들은 기도해야 한다.

하나님의 보좌는 은혜의 보좌이다. 이것은 언제든 하나님께 가까이 나아갈 수 있으며, 무엇이든 필요한 것을 위해 기도하면 하나님이 들어 주신다는 말이다. 기도에는 능력이 있다. 그리고 성도들이 함께 모여 기도하면 그 능력은 더욱 증가한다. 목회 초년병 시절, 나는 가끔씩 무기력하고 황량함을 느끼곤 했었다. 특히 새 예배당 건축 문제를 놓고 투표를 해야 했을 때 그 혼란은 점점 가중되었다. 건물을 완성하기 위해서는 믿음과 희생이 수반되어야 했다. 그런데 지독한 위궤양으로 인해 내 인생은 병원에서 종지부를 찍어야 할 것처럼 보였다. 그러나 사랑하는 성도들 몇 분이 나에게 용기를 주며 매주 모여 기도회를 갖자고 제안했다. 우리가 무릎을 꿇었을 때 하나님이 얼마나 많은 문제들을 해결해 주셨는지 일일이 말할 수가 없다. 그들은 마음을 합해 간절히 기도할 때 나타나는 능력을 나에게 가르쳐 주었다.

헤롯은 자신이 강력한 왕권을 가지고 있다고 생각했다. 그러나 하나님의 보좌는 세상에 있는 어느 왕의 보좌보다 더욱 위대하다. 헤롯은 자기 말에 복종하는 일단의 무장된 군인들을 보유하고 있었으나, 주님은 주님의 명령을 신속하고 성공적으로 수행하는 수만의 천사들을 거느리고 계신다. 하나님의 천사는 문밖에 지키고 있던 네 명의 간수들도 모르게 베드로가 갇혀 있는 감옥에 들어갔다. 헤롯은 좁은 지역을 다스렸지만 주님은 세상 만물을 지배하신다. "여호와께서 그 보좌를 하늘에 세우시고 그 정권으로 만유를 통치하시도다"(시 103:19). 기도하고자 하는 용기가 없으면 우리는 아무 것도 얻지 못할 것이다.

100년 전에 찰스 스펄전은 런던에 있는 교인들에게 다음과 같이 말했다: "성령을 좇아 예수 그리스도를 통해 드리는 믿음의 기도는 진실로 교회가 가지고 있는 능력이다. 기도 없이는 아무 것도 할 수 없다."[3]

두 가지 약속

내일 사형을 당하기로 예정되어 있다면 전 날 밤에 잠을 이룰 수 있겠는가? 베드로는 그 날 밤 천사가 와서 옆구리를 쳐서 깨워야 할 정도로 깊은 잠에 빠져들었다(행 12:7)! (만약 천사를 자명종으로 삼고 싶은 마음이 있다면, 예수님을 위하여 감옥이라도 가고자 하는 마음이 있어야 한다.) 베드로가 잠을 잔 것은 부드러운 침대 위가 아니었다. 두 명의 간수와 함께 두 쇠사슬에 매여 있었으니, 그 날 밤 편하게 누울 수 있는 형편이 아니었다. 또 파수꾼들이 두 개의 옥문을 단단히 지키고 있었다.

지난번 베드로와 그 친구들이 도망갔던 것과 같은 일이 재발하지 않도록 하기 위하여 단단히 지키라는 헤롯의 명령이 있었기 때문이다. 헤롯은 그 날 밤 베드로를 지키기 위해 열여섯 명의 군사들을 동원했다. 그러나 그의 계산은 허사로 돌아가고 말았다.

베드로가 깊은 잠을 잘 수 있었던 비밀은 무엇이었는가? 그것은 베드로가 자신이 사형을 당하지 않을 것이라는 확신을 가지고 있었기 때문이다. 그 확신은 어떻게 얻은 것인가? 예수님이 베드로와의 관계를 회복하시고 그를 제자로 다시 인정하셨을 때, 베드로는 예수님이 하신 약속들을 확신할 수 있었다.

> 내가 진실로 진실로 네게 이르노니, 젊어서는 네가 스스로 띠 띠고 원하는 곳으로 다녔거니와 늙어서는 네 팔을 벌리리니, 남이 네게 띠 띠우고 원치 아니하는 곳으로 데려가리라. 이 말씀을 하심은 베드로가 어떠한 죽음으로 하나님께 영광을 돌릴 것을 가리키심이러라. 이 말씀을 하시고 베드로에게 이르시되 나를 따르라 하시니.... (요 21:18-19)

주님은 베드로가 십자가에 달려 죽을 것이라는 예언을 하셨다. 그런데 헤롯은 칼로 목을 쳐서 베드로를 죽이겠다는 생각을 하고 있었다. 주님의 약속은 결코 어긋남이 없다는 것을 알고 있었기에, 베드로는 그 약속의 베개에 머리를 누이고 깊은 잠에 빠져들었다. 아마도 베드로는 풍랑이 일 때, 배 안에서 주무시던 예수님을 생각했을 것이다(막 4:38). 그리고 이러한 생각은 베드로에게 용기를 가져다 주었다.

베드로가 특별히 중요하게 간직했던 약속이 또 하나 있다. 그는 이 약속을 그의 첫 번째 편지에 그대로 인용했다: "주의 눈은 의인을 향하시고 그의 귀는 저의 간구에 기울이시되, 주의 낯은 악행하는 자들을 향하시느니라"(벧전 3:12). 이 말씀은 시편 34편 15절과 16절에서 빌린 것이다. (독자들은 잠시 멈추어서 시편 34편 전체를 읽고 베드로의 입장에서 이 말씀을 묵상하기 바란다.) 하나님은 눈을 들어 베드로를 보시고 마리아의 집에서 기도하고 있는 그의 친구들의 간구에 귀를 기울이셨다. 하나님은 괴물 혜롯을 향하여 얼굴을 돌리셨고 그가 범한 여러 죄악들을 심판하셨다.

베드로가 잠이 든 사건이 성경에 세 번 기록되어 있다. 사도행전 12장은 그 가운데 세 번째 기록이다. 첫 번째는 변화산 위에서 잠이 든 것으로 베드로는 하나님의 영광을 보기 위해서 눈을 떴다(눅 9:32). 또 베드로는 예수님이 겟세마네 동산에서 기도하실 때 잠을 자고 있었는데(눅 22:45) 잠에서 깨어나자마자 칼을 빼서 싸움을 시작했다. 혜롯의 감옥에서 베드로는 자기를 바깥으로 인도하는 천사를 보기 위해 자리에서 일어났다. 처음 두 번의 경우에서 베드로는 사태를 분별할 준비가 되어 있지 않았었고 결정적으로 말과 행동을 잘못하고 말았다. 그러나 혜롯의 감옥에서 베드로는 천사가 지시하는 대로 조용히 순종했다. 베드로는 적어도 과거에 범한 실수들을 통하여 교훈을 얻었던 것이다.

우리는 베드로가 언급한 "그 보배롭고 지극히 큰 약속"(벧후 1:4)을 의지해야 한다. 하나님은 베드로를 구하시기 위해 거의 최후의 순간까지 기다리셨다. 그러나 베드로는 "주의 약속은...더딘 것이 아니라"(벧후 3:9)는 사실을 잘 알고 있었다. 하나님의 자녀들은 설명을 해 주어야 사는 것이 아니라 약속을 먹고 살아간다. 바울이 믿음의 사도였고 요한이 사랑의 사도였다면, 베드로는 소망의 사도였다. 우리의 믿음과 소망은 하나님 안에 있다(벧전 1:21). 그리고 우리가 살아 계신 주님을 믿는 까닭에 이 소망은 "산 소망"(벧전 1:3)이다. "예수 그리스도의 나타나실 때에 너희에게 가져올 은혜를 온전히 바랄지어다"(벧전 1:13). 우리에게 있는 소망은 정당한 것이다. 결코 부끄러워해서는 안 된다(벧전

3:15).

두 종류의 엑소더스

베드로가 체포된 것은 유대인들이 애굽에서 탈출한 것을 기념하는 유월절 축제 기간이었다. 유월절의 중심은 백성들의 구속을 위해 드려지는 죄 없는 양에 있었는데, 베드로는 예수님만이 진정한 유월절 양이라는 사실을 알고 있었다: "우리의 유월절 양 곧 그리스도께서 희생이 되셨느니라"(고전 5:7). 그래서 베드로는 예수님을 "오직 흠 없고 점 없는 어린 양"(벧전 1:19)이라고 불렀다. "예수께서 예루살렘에서 별세"(눅 9:31)하시는 것은 곧 주님이 십자가에서 죽으심으로 구속의 역사를 이루시는 것이었다. 이미 앞에서 언급한 것처럼, "별세"(엑소더스)라는 말은 헬라어 "엑소도스"에서 왔다(벧후 1:15 참조). 하나님의 백성들은 죽음을 두려워할 필요가 없다. 죽음이란 삶의 구속으로부터 풀려나 하나님 앞으로 나아가는 엑소더스이다.

그러나 그 날 밤, 베드로는 천사의 인도를 받아 감옥에서 풀려나 자유를 얻는 엑소더스를 경험했다. 예루살렘에 모인 유대 백성들이 유월절에 이스라엘 민족이 탄생하던 밤을 되돌아보며 추억에 잠겨 있는 동안, 베드로는 앞을 바라보며 자유를 얻기 위해 천사의 뒤를 따르고 있었다. 손목에 메여 있던 쇠사슬이 풀렸다. 베드로는 옷을 입고 신발을 신었다. 그러자 옥문들이 저절로 열렸고 베드로는 드디어 밖으로 나왔다. 일단 밖으로 나오게 되자 기적은 더 이상 필요가 없어졌다. 그래서 천사는 떠나갔고 베드로는 마가의 어머니인 마리아의 집으로 향했다.

구약의 유대인들은 무엇을 평가할 때 하나님이 출애굽 당시 보여 주셨던 것들을 기준으로 삼는다. 그러나 신약성경에 등장하는 그리스도인들은 빈 무덤과 하늘에 오르사 하늘 보좌에 앉아 계신 그리스도를 바라 본다(엡 1:15-23). 예수님은 세상 만물을 다스리시는 능력과 권세를 가진 분이시다. 그래서 주님이 이루시지 못하는 일은 이 땅에 존재하지 않는 다. 찰스 웨슬리(Charles Wesley)는 베드로가 감옥에 갇혔던 경험을 통하여 그리스도를 향한 자신의 회심을 고백했다:

> 감옥에 갇힌 내 영이 잠이든지 오래이매,
> 죄로 말미암아 울타리가 쳐지고 인생의 밤은 깊었었다.
> 주님의 눈에서 소생시키는 빛이 비추어지매,
> 지하 감옥에 불빛이 타오를 때--나는 깨어났도다.
> 쇠사슬이 벗겨지고 내 마음은 자유를 얻었도다.
> 나는 일어나 앞을 바라보며 주님을 따르는도다.[4]

어린양의 피로 얻어진 우리의 "구원의 엑소더스"가 이제 막 시작되었 다. 우리가 주님을 의지하고 성령의 인도하심에 순종했기에 우리에게 예 수 그리스도의 부활의 능력이 나타난 것이다. 베드로의 이야기는 곧 우 리의 이야기이다.

토우저는 "가능한 일은 누구든지 다 할 수 있다. 약간의 용기와 열심만 있으면 외관상 하지 못할 사람이 없다. 그러나 오직 그리스도인들은 불 가능한 일도 할 수 있는 사람들이다"[5]라고 말했다. 바로 이것이 기도의 능력이고 하나님의 권능이다.

놀라운 일 두 가지

베드로가 마리아의 집으로 간 것으로 미루어보아 그는 성도들이 그 곳에 모여 기도하고 있었던 것을 알았던 모양이다. 천사가 그렇게 하라 고 가르쳐 준 것이 아니라 베드로 스스로 결정한 일이었다. 그리고 그 결정은 현명했다. 마리아의 아들 요한 마가가 그 기도회를 인도하고 있 었다(벧전 5:13). 그리고 로데라는 하녀가 베드로의 목소리를 알아들은 것으로 미루어보아 베드로는 그 집 식구들과도 친분이 있었던 것으로 보인다. 아마 베드로는 마가와 로데를 주님께로 인도했고, 마리아의 집을 방문할 때마다 그들에게 하나님의 말씀을 가르쳐 주었을 것이다. 이렇게 베드로는 하찮은 계집종에게도 관심을 가졌었다. 그리스도 안에서는 남자와 여자의 구별이 없고, 자유인이나 종의 차별이 있을 수 없다 (갈 3:26-28).

첫 번째 놀라운 것은 로데가 대문 밖에 베드로를 그대로 세워 두고 안으로 달려들어간 장면이다(행 12:14)! 손님이 오면 문을 열어 주는 것이 하인이 해야 하는 일이다. 그런데 이 하인은 너무 기쁜 나머지 희소식을 전하는 동안 베드로를 밖에서 기다리게 했다. 기쁨은, 특별히 기도가 응답되었을 때 오는 기쁨은, 누구든지 그렇게 만들 수 있다. 그러나 베드로를 바깥에 세워놓은 것은 지혜로운 처사가 아니었다. 베드로가 집안으로 빨리 들어오면 올수록 그는 더 안전했을 것이기 때문이다. 순간의 감정으로 인해 하나님이 우리에게 맡기신 일을 수행하는 데 지장을 받아서는 안 된다.

그러나 이 상황에서 로데가 보여 준 일들을 깊이 생각해 볼 필요가 있다. 그녀는 문 바깥에서 들려오는 베드로의 음성을 들을 수 있는 예리한 청각의 소유자였다. 헤롯의 군사 가운데 하나가 베드로를 먼저 발견했다면 어떻게 되었겠는가? 혹은 베드로가 오기도 전에 베드로가 왔다고 말함으로 사람들을 혼란스럽게 만들었다면 어떻게 되었겠는가? 로데는 밖에 누가 왔는지 귀와 마음을 통해 알 수 있었다. 그리고 그녀의 행동은 정당했다.

두 번째 놀라운 점은 성도들이 베드로를 만날 것을 진심으로 기대하지 않았다는 사실이다! 그들은 로데가 미쳤거나 아니면 베드로가 죽은 것을 알리기 위해 천사가 찾아와 문 밖에 있다고 생각했다. 그러나 천사였다면 문을 두드릴 필요도 없이 그냥 안으로 들어왔을 것이다. 그들은 베드로를 위해서 열심히 기도했다. 그리고 기도의 응답에 대해서 의심을 품는 자가 다소 있었지만 하나님은 그들의 간구를 들어 주셨다. 우리의 기도에 믿음이 부족할지라도 우리의 간구를 들으시는 하나님은 얼마나 은혜스러운 분이신가! 기도가 모두 응답 받는 것은 아니다. 그러나 이 사실은 기도하는 것이 얼마나 귀한 일인가를 보여 준다. 하나님은 우리가 간구하는 것을 이루어 주신다. 왜냐하면 기도가 응답됨으로 하나님의 이름에 영광이 돌려지고 이 땅에 하나님의 뜻이 성취되기 때문이다.

그 날은 베드로를 비롯하여 마리아, 마가, 로데 그리고 함께 기도했던 모든 친구들에게 결코 잊을 수 없는 유월절이었다. 그러나 우리도 매일같이 기도하고, 믿음 안에 살며, 하나님의 놀라운 응답을 기다리며, 귀를 기울이고 있다면, 우리에게도 그 날은 잊을 수 없는 날이 될 것이다.

후 기

우리의 삶도 기적이 될 수 있다!

　베드로의 일생을 살펴보고 그가 경험했던 일들을 묵상하는 동안, 나의 마음 속에는 베드로가 그의 첫 번째 편지에 기록한 말씀이 계속해서 메아리쳤다: "너희 염려를 다 주께 맡겨 버리라. 이는 저가 너희를 권고하심이니라"(벧전 5:7).

　생각도 많이 하고 설교도 많이 듣지만 그리스도인들 역시 염려와 걱정거리들을 떨쳐 버릴 수가 없다. 베드로는 밤새 그물을 던졌으나 아무 것도 잡지 못한 그 날 밤과 같이, 일을 하다가 낙심에 빠질 때가 있었다. 한 번은 그의 장모가 앓아 누운 적이 있었고, 물에 빠져 죽기 일보 직전까지 간 적도 있었다. 성전세를 내야 하는데 돈이 없어서 곤경에 빠지기도 했다. 한밤중에 칼을 가지고 달려들어 한 남자의 귀를 잘라 버린 일도 있었다. 예수님을 세 번이나 부인하기도 했었고, 그래서 막다른 골목에 다다른 것과 같은 경험을 하기도 했다. 또 죄가 없었음에도 불구하고 일주일 동안 감옥에서 보내야 했던 적도 있었다.

　그러나 베드로는 예수님을 알고 있었고, 예수님은 베드로가 가지고 있는 문제와 고민들을 해결하도록 충분히 돌보아 주셨다.

　"주께서 우리를 권고하시느니라"는 말씀은 세 마디의 아주 간단한 문장이다. 그러나 동시에 이 말씀에는 아주 심오한 뜻이 담겨져 있다. 예수님이 우리들을 권고하시는 이유는 무엇일까? 시편 기자는 "사람이 무엇이관대 주께서 저를 생각하시며, 인자가 무엇이관대 주께서 저를 권고하시나이까?"(시 8:4)라고 말했다. 세상 모든 만물들이 우리를 향해 소리를 지르고 있다—"하나님이 우리를 권고하신다. 주님이 우리를 돌보아 주신다!" 노아는 무지개를 통해 이 사실을 보았고, 예수님은 새와 꽃들을 보시며 이것을 말씀하셨다. 성경은 이 사실을 신실하게 말씀하고 있다—"하나님이 우리를 권고하신다!" 만약 하나님이 우리를 권고하신다는 것이 믿어지지 않는다면, 믿음으로 십자가를 향해 나아가라. 그리고 우리를 위해 죽으신 예수님을 바라보라. "자기 아들을 아끼지 아니하시고 우리 모든 사람을 위하여 내어 주신 이가 어찌 그 아들과 함께 모든 것을 우리에게 은사로 주지 아니하시겠느뇨?"(롬 8:32) 갈보리는 아주 작은 사랑의 음성으로 우리 마음 속에 속삭인다—"내가 너희를 권고하느니라!"

우리가 해야 할 일은 이 놀라운 진리를 믿고 모든 것을 주님께 의지함으로 진리 가운데 행하는 것이다. 마음을 굳게 하여 모든 것을 주님께 맡기고 주님을 의뢰하며 주님이 말씀하신 대로 행해야 한다. 주님은 우리를 제쳐놓고 혼자 일하시지 않는다. 또 우리를 대신하여 역사하시지 않는다. 우리가 주님과 함께 하는 것처럼 주님은 우리와 함께, 우리 안에서, 그리고 우리를 위해서 역사하신다. "누가 봉사하려면 하나님의 공급하시는 힘으로 하는 것 같이 하라. 이는 범사에 예수 그리스도로 말미암아 하나님이 영광을 받으시게 하려 함이니, 그에게 영광과 권능이 세세에 무궁토록 있느니라. 아멘"(벧전 4:11).

인생은 학교이다. 베드로는 "오직 우리 주 예수 그리스도의 은혜와 저를 아는 지식에서 자라 가라"(벧후 3:18)고 충고하고 있다. 은혜 가운데 자라 가는 것보다 지식에서 자라 가는 것이 훨씬 쉽다. 바로 이것이 주님이 우리에게 시험을 주시고 어려운 환경 가운데 처하도록 하시는 이유이다. 우리가 필요한 것들을 얻기 위해 주님을 의뢰하는 것처럼, 주어진 환경을 극복해 나가면서 얻어진 교훈들은 생활 가운데 소중한 양식이 된다. 우리는 실수를 하면서도 배울 수 있으며, 또한 실수를 통해서 우리 자신을 더 잘 알게 된다. 이 두 가지 모두 중요한 사실이다.

밥 쿡 박사는 '그리스도를 위한 젊은이들의 모임'에서 "하나님께 기적과 같은 방법으로 여러분들의 삶과 사역을 지켜달라고 기도하십시오"라는 말을 자주 했다.

바로 이것이 인생을 통해 베드로가 마지막으로 배운 방법이었다.

바로 이것이 우리가 살아가야 할 방법이다.

미　주

서론: 하나님의 두 번째 위대한 기적

1. Stanley Hauerwas and William H. Willimon, *Resident Aliens* (Nashville: Abingdon Press, 1989), 65.

2. George H. Morrison, *Sunrise: Address from a City Pulpit* (London: Hodder & Stoughton, 1903), 88.

3. Watchman Nee, *A Table in the Wilderness* (Fort Washington, PA: Christian Literature Crusade, 1965), 22 January.

3. 기적은 집에서도 일어난다

1. Robert Frost, "The Death of the Hired Man," *Robert Frost's Poems*, with introduction and commentary by Louis Untermeyer (New York: Pocket Books, 1971), 165.

5. 하나님 나라와 그 영광

1. William R. Moody, *The Life of Dwight L. Moody* (Grand Rapids: Revell, 1900), 552.

2. Ibid., 554-55.

7. 겟세마네 동산에 나타난 하나님의 은혜

1. A. W. Tozer, *We Travel an Appointed Way* (Tulsa, OK: Christian Publicating Services, 1988), 106.

9. 기억나게 하심을 감사하라

1. 예수님이 사랑에 대하여 두 개의 다른 단어를 사용하셨다는 사실을 강조하는 학생들이 있다. "*필레오*"(phileo)는 '우정, 사랑, 좋아함'이란 말이고, "*아가파오*"(agapao)는 '감정이 아닌 그러나 자원하는 희생적인 사랑'이란 의미를 가지고 있다. 예수님과 베드로는 아람어를 사용했는데, 아람어에서는 두 단어의 의미상의 차이가 없다. 그리고 요한복음에서 저자는 두 단어를 서로 바꾸어가며 쓰고 있다. 주님은 베드로 혹은 어떤 신자라 할지라도 하나님이 우리를 사랑하셨던 것처럼 하나님을 사랑할 수 없다는 것을 알고 계셨다.

2. John Newton, *Voice of the Heart* (Chicago: Moody Press, 1950), 288.

3. Thomas Shepherd, "Must Jesus Bear the Cross Alone?" in *Worship and Service Hymnal* (Chicago: Hope Publishing Co., 1957), no. 349.

11. 그림자

1. Jean-Marc Pottiez, ed., *Feather Fall* (Morrow, 1994), 17.

2. James M. Kouzes and Barry Z. Posner, *The Leadership Challenge* (Jossey-Bass, 1987), 16.

13. 기적에 눈을 떠라!

1. G. Campbell Morgan, *The Crises of the Christ* (Grand Rapids: Revell, 1903), 249.

2. Jim Cymbala with Dean Merrill, *Fresh Wind, Fresh Fire* (Grand Rapids: Zondervan, 1997), 49. 더 능력 있는 기도 생활을 원하는 성도들과 교회에 이 책과 그 후편인 『새로운 믿음』(Fresh Faith)를 추천한다.

3. *The Metropolitan Tabernacle Pulpit* (Pilgrim Publications, 1980), vol. 21, 437.

4. Charles Wesley, "And Can It Be That I Should Gain?" in *Worship and Service Hymnal*, no. 259.

5. A. W. Tozer, *The Warfare of the Spirit* (Camp Hill, PA: Christian Publications, 1993), 12.

도서출판 세 복의 발간 도서

경건 서적

나는 어떻게 예수님을 만났는가?
홍성철 편집 / 신국판 / 초판 1쇄, 개정판 8쇄 / 328쪽 / 7,000원
각계 각층에서 그리스도의 향기를 진하게 풍기고 있는 21명의 신앙 고백 간증집. 전도용 선물로
최적인 책.

How I Met Jesus (수출용)
John Sung-Chul Hong Ed. / 신국판 / 초판 1쇄 / 296쪽 / $9.99
『나는 어떻게 예수님을 만났는가?』의 영어판. 한국 평신도 남녀 각 5인씩, 한국 목사 5인 및 외국
인 5인의 신앙 고백서.

사망의 골짜기를 지날지라도
볼레터 스틸 크럴리 지음 / 유정순 옮김 / 신국판 / 초판1쇄 / 158쪽 / 4,500원
말로 다 표현할 수 없는 인간의 비극 가운데서 하나님의 평강을 발견한 저자의 믿음과 용기에
관한 능력 있는 체험적인 이야기.

하나님의 회초리 능력을 위한 사랑의 매
스탠리 탬 지음 / 성미영 옮김 / 신국판 / 초판 1쇄 / 234쪽 / 6,500원
어떻게 하나님의 능력을 갖게 되고, 기도의 응답을 받으며, 매일 당면하는 문제를 초월하여 승리
하고, 열매 맺는 삶을 누릴 수 있는지를 체험적으로 쓴 책.

그리스도의 마음
데니스 킨로 지음 / 홍성철 옮김 / 신국판 / 초판 1쇄 / 188쪽 / 6,000원
성령이 믿는 자에게 주시는 "그리스도의 마음"이 의미하는 바가 무엇인지를 잘 설명해 주는 책.

날마다 솟는 샘
존 T. 시먼즈 지음 / 이영기 옮김 / 크라운판(양장본) / 초판 1쇄 / 378쪽 / 12,000원
사복음서에 나타난 예수님의 삶과 가르침을 통하여 일 년 동안 큐티를 위한 매일의 영적 양식으
로, 독자의 영적 삶을 풍성하게 해 주는 책.

기적을 만드는 사람들
워렌 위어스비 지음 / 구교환 옮김 / 신국판 / 초판 1쇄 / 182쪽 / 6,000원
사도로 변화된 베드로의 이야기를 통해 현대의 그리스도인들이 하나님의 기적을 만들며 살아가도
록 도전하는 책.

<u>상담 서적</u>

상처난 아버지와의 관계 회복
제임스 L. 쉘러 지음 / 이기승 옮김 / 신국판 / 초판 1쇄 / 272쪽 / 7,000원
인생의 풀리지 않는 아버지와의 문제들이 무엇이며 그것을 어떻게 다루어야할지, 더 나아가 하나님 아버지께로 인도하는 책.

목회자의 자기 관리
로이 오스왈드 지음 / 김종환 옮김 / 신국판 / 초판 1쇄 / 276쪽 / 7,000원
자기 관리에 게으르거나 무관심한 그리스도인이 어떻게 자기 관리를 해야 하는지 구체적으로 제시하는 책.

영혼을 돌보는 목자
캐롤 와이즈, 존 힝클 지음 / 이기승 옮김 / 신국판 / 초판 1쇄 / 248쪽 / 6,500원
잠재력이 있는 영혼들을 돌보는 사역을 감당하고자 하는 목사, 전도사, 평신도 지도자, 구역장 등에게 안내자 역할을 하는 책.

잃어버린 퍼스날리티를 찾아서
최병전 지음 / 신국판 / 초판 1쇄, 개정판 1쇄 / 206쪽 / 5,000원
구원은 받았지만 인격의 상처는 개인과 가정과 교회와 사회에 문제를 일으키는 것을 진단하고 해결의 실마리를 제시하는 책.

<u>설교집</u>

눈물로 빚어 낸 기쁨 (룻기 강해)
홍성철 지음 / 신국판 / 초판 1쇄 / 182쪽 / 6,000원
룻기에 감겨진 아름다운 이야기를 새로운 각도로 접근하여 전개한 강해집.

고난 중에도 기뻐하라 (빌립보서 강해 설교)
홍성철 지음 / 신국판 / 초판 2쇄 / 506쪽 / 10,000원
고난 중에도 기뻐할 수 있는 사도 바울의 비결을 성경적으로 파헤치고, 목회적으로 제시한 41편의 강해 설교집.

우리에게 일용할 양식을 주소서 (주기도문 강해 설교)
홍성철 지음 / 신국판 / 초판 2쇄 / 228쪽 / 6,000원
주기도문에 나타난 하나님의 영광과 우리의 필요를 깊이 조명시켜 주는 17편의 강해 설교집.

심령의 호소를 들으시는 하나님 (시편 강해 1-23편)
이태웅 지음 / 신국판 / 초판 1쇄 / 304쪽 / 7,500원
시편을 기록한 지 수천 년이 지났으나, 시편 기자들이 경험한 변함없는 하나님의 실재와 냉험한 세상의 현실 사이에서 의에 주리고 목말라하는 사람에게 한 모금의 냉수와 같은 책.

요한복음 강해 (I-IV)

강선영 지음 / 신국판(양장본) / 초판 1쇄 / 590쪽 / 권당 12,000원
저자가 6년여 동안 요한복음을 연구하며 설교한 것을 정리하여 펴낸 강해 설교집.

<u>성령 서적</u>

성령의 충만을 받으라

존 T. 시먼즈 지음 / 홍성철 옮김 / 신국판 / 재판 4쇄 / 152쪽 / 4,000원
성령의 충만과 능력을 갈구하는 모든 그리스도인의 필독서로, 그 방법을 단계적으로 제시해 주는 명저.

성령과 동행하라

스티븐 하퍼 지음 / 홍성철 옮김 / 신국판 / 초판 3쇄 / 224쪽 / 5,500원
기독교 영성이 무엇이며, 또 어떻게 그 영성을 체험하고 유지할 수 있는지에 대한 좋은 안내자가
되는 책.

성령 안에서 설교하라

데니스 F. 킨로 지음 / 홍성철 옮김 / 신국판 / 초판 3쇄 / 176쪽 / 4,500원
방법과 기교를 강조하는 현대 설교에서 성령의 임재를 다시 회복할 수 있는 설교의 원리와 방법을
분명하게 제시하는 책.

성령님, 나를 변화시켜 주세요   그리고 사용하여 주세요

커리 매비스 지음 / 홍성철 옮김 / 신국판 / 초판 1쇄 / 180쪽 / 5,500원
분노와 죄의식 등 감정의 문제들이 어떻게 성령의 역사로 변화되어 성장할 수 있고, 주님께 쓰임
받을 수 있는가를 제시하는 책.

성결의 아름다움

베인즈 에트킨슨 지음 / 홍성국 옮김 / 신국판 / 초판 1쇄 / 184쪽 / 5,500원
성결이라는 성경적 진리의 핵심에 직면하여 마음의 감동과 함께 성결하게 되는 것을 체험하도록
인도해 주는 책.

위대한 그리스도인들은 어떻게 성령의 충만을 받았는가

제임스 로슨 지음 / 홍성철 옮김 / 신국판 / 초판 2쇄 / 298쪽 / 7,000원
하나님의 장중에 사로잡혀 위대하게 살았던 역사상 위대한 20인의 감동적인 성령 충만의 체험담
을 기록해 놓은 책.

<u>존 웨슬리 서적</u>

불타는 전도자 존 웨슬리

홍성철 지음 / 신국판(양장본) / 초판 2쇄 / 344쪽 / 10,000원
존 웨슬리가 어떻게 불타는 전도자가 될 수 있었는지를 제시하여, 현대 그리스도인들도 불타는
전도자가 되도록 인도해 주는 책.

존 웨슬리 그의 생애와 신학
로버트 G. 터틀 2세 지음 / 김석천 옮김 / 신국판 / 초판 1쇄 / 480쪽 / 13,000원
본서는 하나님께 전적으로 헌신하며 살았던 존 웨슬리의 이야기를 통해 독자를 예수 그리스도의
충만한 믿음으로 인도해 주는 책.

현대인을 위한 존 웨슬리의 메시지
스티븐 하퍼 지음 / 김석천 옮김 / 신국판 / 초판 2쇄 / 168쪽 / 5,000원
존 웨슬리의 메시지를 현대인을 위해 재해석한 책으로, 현대의 그리스도인들에게 빛과 방향을
제시해 주는 귀중한 저서.

수잔나 존 웨슬리의 어머니
아놀드 댈리모어 지음 / 김석천 옮김 / 신국판 / 초판 2쇄 / 230쪽 / 6,000원
존과 찰스 웨슬리의 어머니 수잔나의 경건의 모범, 자녀 교육과 양육, 고난과 어려움을 이겨 풍성
한 영적 유산을 남겨 준 이야기.

신학 서적

회심 거듭남의 의미와 적용
홍성철 편집 / 신국판 / 초판 2쇄, 개정판 1쇄 / 224쪽 / 6,000원
기독교에서 가장 핵심적 교리인 "회심"의 문제점을 신학적, 경험적, 적용적으로 이 분야의 권위자
들이 다룬 9편의 글.

타문화권 복음 전달의 원리와 적용
존 T. 시먼즈 지음 / 홍성철 옮김 / 신국판 / 초판 3쇄, 2판 1쇄 / 342쪽 / 8,000원
복음과 타종교와의 관계를 다루면서도 복음 전달의 원리와 방법을 깊게 다루어 복음 전달의 이론
적 인도자가 되는 명저.

복음주의 실천신학개론
복음주의 실천신학회 편 / 신국판(양장본) / 초판 2쇄 / 430쪽 / 13,000원
한국 교회의 목회자와 그리스도인들에게 신학의 복음주의적인 안목을 갖게 함으로 목회 현장을
더욱 풍요롭게 하는 지침서.

워크북 시리즈

죽음에 이르는 죄 어떻게 극복할 것인가
맥시 더남, 킴벌리 더남 레이스먼 지음 / 서대인 옮김 / 신국판 / 초판 1쇄 / 288쪽 / 7,000원
피할 수 없는 일곱 가지 죄가 우리의 삶에 어떻게 나타나며, 이러한 죄를 다루는 방법을 제시하여
죄를 극복하게 하는 책.

중보기도
맥시 더남 지음 / 구교환 옮김 / 신국판 / 초판 1쇄 / 266쪽 / 7,000원
본서는 중보기도의 이해를 도울 뿐만 아니라, 개인이나 그룹이 중보기도를 실제로 하게 하기 위한
구체적이고 실제적인 지침서.

기독교 고전 시리즈 (1-16권 / 초판 2쇄 / 권당 1,500원)

1. 왜 하나님은 무디를 사용하셨는가　　R. A. 토레이 지음 / 홍성철 옮김
2. 보다 깊은 삶　　로버트 머레이 맥체인 지음 / 구교환 옮김
3. 하나님의 임재를 연습하라　　로렌스 형제 지음 / 이소연 옮김
4. 성결　　J. C. 라일 지음 / 서대인 옮김
5. 예수님을 위하여 선하게 증거하자　　존 왓슨 지음 / 이대규 옮김
6. 공격적인 기독교　　캐더린 부스 지음 / 염동팔 옮김
7. 구령자를 위한 권면　　호레시우스 보너 지음 / 최석원 옮김
8. 불타는 사랑　　블레즈 빠스칼 지음 / 곽춘희 옮김
9. 행동하는 믿음　　조지 뮬러 지음 / 송철웅 옮김
10. 하늘가는 마부　　존 번연 지음 / 문정일 옮김
11. 성도다운 학자의 결단　　조나단 에드워즈 지음 / 홍순우 옮김
12. 설교자와 기도　　E. M. 바운즈 지음 / 이혜숙 옮김
13. 성도의 영원한 안식　　리차드 백스터 지음 / 이기승 옮김
14. 부흥의 법칙　　제임스 번스 지음 / 문정선 옮김
15. 성경적 구원의 길　　존 웨슬리 지음 / 박홍운 옮김
16. 친구여 들어보지 않겠소?　　찰스 스펄전 지음 / 홍성철 옮김